유머플리Zip.

30년 방송 유머 PD가 골라낸 실전형 유머

초판 1쇄 인쇄 | 2025년 12월 25일
초판 1쇄 발행 | 2026년 1월 1일
펴낸 곳 | 나녹那碌
펴낸 이 | 형난옥

지은이 | 김웅래
편집 | 김보미

등록일 | 제 2021-000016 2021.03.16
주소 | 충청남도 천안시 동남구 청수11로 24, 505호(청당동)
전화 | 041-551-0517   팩스 | 0504-370-6544
ISBN | 979-11-995085-3-8 (03810)

All rights reserved. All the contents in this book are protected by copyright law. Unlawful use and copy of these are strictly prohibited. Any of question regarding above matter, need to contact 나녹那碌.
이 책에 수록된 콘텐츠는 저작권법에 의해 보호받는 저작물이므로 무단전재와 무단복제를 금합니다.
나녹那碌(nanokbookcafe@naver.com)으로 문의주시기 바랍니다.

김운래 지음

유머를 Zip.

30년 방송 유머 PD가 골라낸 실전형 유머
센스 있는 당신을 위한 유머 415선. 말 한마디가 분위기를 바꾼다

나눔
那隊

웃음은 작고 단단한 힘입니다 　　　작가의 말

작가의 첫말부터 심각하면 책장 덮고 "환불해 주세요." 할 것 같아서… 그래서 웃음 반 + 진심 반으로 가기로 했습니다.

웃음은 참 신기한 힘을 가지고 있습니다. 힘겨운 하루를 버티게 해주고, 낯선 사람들 사이의 벽을 허물어주며, 지혜로운 도구가 되기도 합니다. 저는 그 힘을 믿고, 오랫동안 사람들과 나눠왔던 작은 농담과 짧은 조크들을 한 자리에 모아 책으로 엮게 되었습니다.

그런데 놀랍게도 많은 분들이 댓글로 웃음을 나눠주시고, 좋아요로 보여주신 반응들이 제겐 가장 큰 보람이었고, 그 힘이 오늘의 책까지 저를 이끌어주었습니다. 저는 이 책을 단순한 유머 모음집이 아니라, 우리가 함께 살아가는 시대의 기록이자 마음의 쉼표로 읽어주셨으면 합니다.

이 책의 진짜 저자는 사실 저보다 '웃어 주신 독자' 여러분입니다. 농담은 혼자 하면 '허공에 흩어지는 말'이지만, 함께 웃을 때 비로소 '작품'이 됩니다.

이 책의 진짜 저자는 저보다 '웃어 주신 여러분'입니다. 농담은 혼자 하면 그냥 뇌의 낙서인데, 같이 웃으면 예술이 됩니다. 그러니 이건 제 책이 아니라 실은 당신과 제가 함께 쓴 공동 저작물이라 믿습니다. (공동 저자로 이름을 못 넣은 건… 출판사의 강력한 반대 때문입니다. ㅎ)
누군가는 이 책을 보며 소리 내 웃을 것이고, 누군가는 속으로만 킥킥 웃을 겁니다. 누군가는 "아니, 이게 왜 책으로 나왔어?" 하고 놀라실지도 모릅니다. 하지만 바로 그 반응들까지도 제겐 최고의 보상입니다. 왜냐하면 웃음은 반응이 있어야 완성되는 유일한 예술이니까요. (아무 반응 없는 분도 계실 텐데… 그건 책 잘못이 아니라 독자님 성격 문제일 수 있어 환불이 안됩니다.)
그리고 혹시라도 웃음이 너무 커서 옆 사람에게 의심을 받으신다면, 이렇게 해명해주세요. "이 책 때문입니다. 제 탓 아니에요. 저 이상한 사람 아니에요. 그냥 조크북 읽는 중입니다."
이제부터는 진짜 본편이 시작됩니다. 마음껏 웃으시고, 마음껏 즐기시길 바랍니다. 웃음은 공짜인데, 행복은 덤이니까요. 저는 앞으로도 유머라는 이름의 씨앗을 여기저기 흩뿌리며, 때로는 가볍게, 때로는 따뜻하게, 우리의 삶을 함께 채워가겠습니다.

2025년 겨울, 작가 김웅래

작가의 말 5
품격 유머 7
시크릿 유머 10법칙 297

재수없는 도둑

- 한밤중에 깨어보니 도둑이 내 호주머니를 뒤지고 있지 뭔가, 우스워서 혼났네.
= 아니 무섭지 않고, 우스웠다고?
- 마누라가 저녁에 이미 다 뒤져 갔거든!

문제가 생겼어

영애는 그동안 사귀던 병태와 결혼을 하기로 마음먹고 있었다. 약혼식 날짜가 오가던 어느 날 병태가 말했다.
"영애씨 내게 다른 여자 문제가 생겼어. 우리 헤어지자!"
충격을 받은 영애는 병태에게 따지기 시작했다.
"그 여자가 나보다 요리를 잘해?"
"아니."
"그럼 나보다 날씬하고 예뻐?"
"아니."
"그럼, 그 여자가 나보다 더 가지고 있는 게 뭐야?"
병태가 잠시 머뭇거리더니 이내 대답했다.
"내 아이를 가지고 있대."

Push up

아파트 뒷산 산책길. 운동기구도 몇 개 있다.
그곳에 늘 항상 여느 때나 마찬가지로 한 아저씨가
풋샵,
Push-Up,
팔굽혀펴기를 한다.
오늘도 아니나다를까 변함없이 마찬가지로 근육질 좋은 그 아저씨 땀을 뻘뻘 흘리며 팔굽혀펴기 한다.
그런데 그 옆 지나던 한 할매가 아저씨 행동 유심히 보더니 안됐다는 듯 쯧쯧 혀를 차며 한마디 한다.
"저… 아저씨 밑에 여자 도망 갔어요!"

인터폰

사내는 자정이 가까운 무렵 여자 애인을 집 앞까지 데려다 주었다. 여자가 대문을 열고 들어가려는 찰나 사내는 왼손을 힘차게 뻗어 대문기둥을 짚으며 여자를 막았다.
"왜 이러세요?"
"우리가 만난 지 오늘이 100일인데, 우린 아직 첫 키스도 못 했어!"

"그래서요?"

"오늘 첫 키스를 하지 않으면 집에 들여보내 줄 수 없어! 자, 어서! 니네 아빠가 뭐래도 넌 내 꺼야!"

이때 대문 한쪽에 작은 쪽문이 열리더니 초등학생 여동생이 나왔다.

"언니, 아빠가 그 녀석 뺨을 댓빵 후려치래! 그리고 아저씨, 왼손 뻗어 '인터폰' 버튼 누르고 있는 손가락 떼고 말씀하세요. 안에서 다 들려요."

기도 소리

새벽 기도 나와 큰소리로 울부짖듯 기도하는 P집사. 다른 이들에게 기도 방해 이만저만 아니다.
"복 많이 주세요! 부자 되게 해주세요!"
그 큰 목소리 알고 보니 우리 동네 빵집 사장님.

옆에 앉았던 L집사. 기도실 나서며 한마디.
"P집사님, 기도 소리는 작게 하고 대신 빵을 크게 만드세요. 복 받으실 겁니다. 부자 되실 겁니다."

예상밖의 현상

금년 들어 나의 '총명함'이 현저히 떨어져 감을 느끼고 방법을 찾아야 했다. 그래서 친구들 중 총명한 친구들만 찾아 그들하고 지속적 만남을 계속했다.
결과는 예상보다 놀라웠다. 최근엔 나의 총명함과 모든 능력이 놀랍도록 향상되어 감을 실감한다.
반면에 예상밖의 현상이 나타났다.
총명하고 똑똑하고 완벽했던 그 친구들은
차츰차츰

시름시름

'멍청이'가 되어 간다는 거다.

오해

오늘도 날씨가 폭염속에 휘청인다. 여자 알바생 혼자 있는 아이스크림 가게에 팔과 어깨에 문신을 잔뜩한 사내가 들어온다.

사내 : 아이스크림 주세요.

알바 : (미소를 머금고) 여기 있습니다.

사내 : 더 퍼주세요!

알바 : (미소를 잃지 않고 조금 더 퍼준다) 여기 있습니다.

사내 : (억양 쎈 반말투로) 더 퍼달라고!

알바 : (겁에 질려 왕창 더 퍼준다) 여기 있습니다, 손님.

사내 : (성난 목소리로) 아니! 뚜껑 덮어달라고!!

두 종류의 변호사

세상엔 두 종류의 변호사가 존재한다. 한 부류는 '법'을 아는 변호사들이고, 또 다른 부류는 '판사'를 아는 변호사들이다.

님들은 자신들의 송사를 어떤 변호사에게 맡기시나요?

하녀의 푸념

유럽의 어느 성, 귀족 집안에서 일하고 있는 하녀 두 명이 푸념을 하고 있다.

"정말이지 지긋지긋해 못해먹겠어. 난 글쎄, 아침부터 밤까지 '그러겠어요, 아씨' '그러겠어요, 아씨' '그러겠어요, 아씨' … 해야 하니 말이다."

그러자 마주앉아 듣고 있던 하녀도 푸념을 늘어놓기 시작했다.

"나두 정말이지 지긋지긋해 못해먹겠어. 난 글쎄, 밤부터 아침까지 '안돼요, 주인님' '안돼요, 주인님' '안돼요, 주인님'… 해야 하니 말이야."

의심

두 남자가 얘기하고 있다.
A : 나 골치가 아파 미치겠어~ 난 요즘 마누라한테 의심을 갖기 시작했어!
B : 아니, 왜?
A : 우리가 오래동안 대전에서 살았고 1년 전에 부산으로 옮겼다가, 지금은 서울에 사는데…
B : 그런데, 왜?
A : 드나드는 택배 기사가 같은 놈이지 뭐야!!!

걱정

한 학생이 오토바이를 타고 가다가 아주아주 뚱뚱한 여인을 받아 쓰러트렸다.
여인이 일어나며 소리쳤다.
"야! 이 바보 같은 놈아! 좀 빙 돌아서 비켜 갈 수 없었냐!!"
학생이 도망치며 대답한다.
"기름이 모자랄까 봐 걱정되어서요."

수명의 비밀

어느 아랍국의 왕자는 10km 정도 떨어진 곳에 후궁들을 거주시켰다. 후궁들 중 한 명과 즐기고 싶을 때면 왕자는 그의 기사를 보내 데려오게 했다.
그런데 그 왕자는 95살까지 살았지만 그 기사는 나이 30살에 죽었다. 여기서 우린 다음의 사실을 알 수 있다.
"당신의 명을 짧게 하는 것은 여자와 즐기는 것이 아니라, 여자를 가까이 태우고 멀리 운전하는 일이다."

이유

판사 : 피고인, 당신은 어째서 변호사를 구하지 못했소?
피고 : 애초에 유능한 변호사를 한 분 구했는데, 그에게 내가 범행을 저지르지 않았다는 사실을 말하자 나와의 관계를 끊더군요.

배려

어느 인정 많은 친구는 자신의 집 앞마당에 대형 수영장 3개를 만들기로 했다. 하나는 따뜻한 물로 채우고 다른 하나는 찬 물 그리고 세번째 수영장은 그냥 비워 두기로 했다.
빈 수영장 용도가 궁금해 이유를 물었다.
"아 그거요, 제 친구들 중에는 수영을 못하는 애도 있는데, 그 친구들 몫이죠."

취객

늦은 밤 한 취객이 가로등 켜진 전신주 앞에 멈추더니 주머니에서 집 대문 열쇠를 꺼내 전신주에다 대고 열쇠 구멍을 찾느라 땀을 뻘뻘 흘리고 있었다. 지나가던 행인이 취객을 지켜보다 친절하게 말했다.
행인 : 선생님, 이곳은 집이 아닌데요
취객 : 당신이 뭘 안다고 그러슈. 여기가 우리집이 틀림없소. 저 윗층에 불이 켜 있지 않소!

토론

한 회사의 직원들이 모여 "어떻게 하면 회사가 발전할 것인가"에 관해 토론을 했다. 아무리 해도 결론이 안 나오자 한 직원이 '역발상'이라고 새로운 제안을 했다. 즉 "어떻게 하면 회사를 망하게 할 것인가"에 관해 토론을 이어가기로 했다.
- 5성급 호텔 수준의 뷔페를 매일 직원들 점심으로 제공한다.
- 근무시간에 인터넷 도박을 한다.
- 주 2일 근무에 5일 휴가를 준다.

등등…

그런데 아무 의견없이 오랫동안 토론을 지켜보던 한 간부가 입을 열었다.

"회사를 지금 이대로 둔다!"

갑자기 직원들의 얼굴에 희색이 돌더니… 우레와 같은 박수로 퍼져 나갔다. 그리고 토론회는 성과 있게 끝났다.

주가 상승 비법

한 건설회사 사장이 홍보담당 이사를 불러들였다.

"여보게, 김이사. 우리 회사 주식이 계속 하향세를 타고 있으니 어떻게 해서든지 오를 수 있도록 해주게. 자네가 무슨 수를 쓰든지 상관 않겠네."

"예, 사장님 어떻든 해보겠습니다!"

이튿날부터 주식이 5%가 뛰더니, 그 다음날은 10%나올랐다. 시장 반응을 확인한 사장은 너무 좋아 김이사를 불렀다.

"아니 김이사, 자네가 무슨 작전을 썼기에 이렇게 주식이 상승세를 타는가? 기적이야!"

"제가 소문을 한가지 은밀하게 퍼뜨렸는데, 그게 주식시장에서 호재로 작용한 모양입니다."

"무슨 소문을 퍼뜨렸기에 이토록 반응이 뜨거운가?"

"사장님이 곧 회사를 떠날 거라고 했죠."

비둘기

한 아이가 공원에서 비둘기에게 빵을 던져 주고 있다.
비둘기들은 쫓아다니며 신나게 빵을 주워 먹는다.
지나가던 아저씨가 아이에게 말했다.
"얘야, 저 멀리 아프리카엔 많은 아이들이 빵 한 조각 없이 굶주리고 있거든. 그런 것도 모르고 새들에게 빵을 던져주면 되겠니?"
아이가 비둘기에게 나머지 빵을 던져주며 말했다.
"전 그렇게까지 멀리 빵을 던질 수 없거든요."

송사리

5마리의 '송사리' 가족이 도봉산 계곡으로 놀러갔다. 물도 맑고 등산객 구경도 재밌어서 시간 가는 줄 몰랐다.
신나게 놀다 보니 어쩐지 가족이 한 명 늘어나 있었다.
아빠 '송사리'가 낯선 한 마리에게 물었다.
"넌 누구냐?"
"저요?"
"그래, 너!"
"저는 '꼽사리'인데요."

황소가 해야 하는 일

섬마을에 전근 온 지 한 달 남짓 된 박선생, 수업 중 창밖을 보니 오늘 결석한 복순이가 암소를 끌고 윗마을로 가는 게 보였다.

박선생은 얼른 쫓아나가 물었다.

"복순아, 너 학교는 안 오고 암소를 몰고 어디 가는 거니?"

"접붙이러 가는 길이예요."

그러니까 암소에게 새끼를 배게 하려고 황소에게 데리고 간다는 말이었다.

"그런 건 네 아버지가 하셔도 되잖아?"

"아니에요. 선생님, 아버지가 하면 안 되고요, 꼭 황소가 해야 돼요."

홈커밍데이

대학 30주년 기념 '홈커밍데이'에 갔던 날.

- 가장 사고뭉치 동창 생각 나서 '오늘 왔나?' 하는 순간 비서가 열어주는 최고급 승용차에서 내린다. 헉!
- 그 시절 좋아했던 여학생이 나를 보는 눈이 여전히 반짝거린다. 지금도 좋아하나 눈을 맞추는 순간, 콘택

트렌즈 때문이다. 헉!

- 끝나고 사은품 한짐 들고 나오는데, 대학 시절에도 늘 빈손이었던 그 친구 지금도 빈손이다. 사은품 어찌했냐고 물었더니, 이번 사은품 자기가 기증한 거란다. 헉!

소개 멘트

모임에서 연사를 소개한 조크를 섞은 멘트 몇 개.

- 지금 연사로 나오실 분은 "꿈은 이루어진다!"라는 말을 사실로 실천시키실 분입니다. 이분이 연설할 때마다 청중들이 거의 잠을 자는데 그야말로 꿈은 이루어지게 되죠!
- '천재'라는 말은 우리 사회에서 너무 쉽게 남용되는 말이죠. 이번에 소개할 연사는 이 표현의 남용을 여실히 보여주는 전형적인 분입니다.
- 이제 곧 등장하시게 될 연사는 조금 긴장한 것처럼 보이실 텐데요…… 그럴만한 이유가 있습니다. 시간이 급해 타고 온 택시에 아직 다 외우지 못한 연설문을 놓고 내렸거든요.
- 다음 연사는 쉼표와 마침표가 난무하는 세상에서 유일하게 '느낌표' 같으신 분입니다.

지각

- 회사에서 짤렸어요.
= 왜 짤렸어요?
- 지각했거든요.
= 왜 지각했어요?
- 어제 술 마신다고 늦게 잤어요.
= 어제 왜 술 마셨어요?
- 사장님한테 혼나서요.
= 사장님에게 왜 혼났어요?
- 지각해서요.

십자 드라이버

신부님이 성당 사무실에서 가구를 수리하신다. 흔들리는 의자에 나사못을 박으러 공구를 집어 들더니 갑자기 성호를 긋는다.
옆에 있던 수녀님이 물었다.
"신부님 왜 갑자기 성호를 그으시나요?"
그러자 신부님이 공구를 들어 보여준다. 그건 '십자 드라이버'였다.

확인 필요

음식점 카운터에 계산까지 끝내고 들어가 앉았는데 30분이 지나도록 식탁에 음식이 안 나올 때……
- 혹시 내가 뷔페에 들어온 게 아닌가 확인해볼 필요가 있다.

결혼식에 갔는데 하객이 꽉 차도록 신랑은 안 보이고 신부만 혼자 등장할 때……
- 혹시 내가 성당엘 들어온 게 아닌가 확인해 볼 필요가 있다.

첫 출근

동회로 발령받아 첫 출근한 9급 공무원 박모군이 창구에 앉자마자 민원인이 왔다. 긴장되지만, 공무원 시험준비 때 몇 번이나 외웠던 민원인 상대 '매뉴얼'을 다시 한 번 스캔하며 민원인을 응대한다.
"어떻게 오셨습니까?"
"'사망신고' 하러 왔는데요."
"본인이십니까?"

뜻밖의 황당한 물음에 당황한 민원인. 엉겁결에 한마디 한다.
"본인이 직접 와야 하나요?"

G.M.E

용하다는 점쟁이 집에 귀부인이 찾아와 많은 복채를 놓고 하소연한다.
"선생님, 제 딸이 하라는 공부는 안 하고 맨날 놀러만 다니고 남자친구랑 못된짓을 해서 엊그제는 산부인과에 다녀왔습니다. 제 딸이 왜 그럴까요? 도대체 누굴 닮아 그럴까요?"
"어디 한 번 봅시다~"
점쟁이가 눈을 지긋이 감고 방울을 흔들며 쌀을 한줌 쥐어 소반에 흩뿌리며 주문을 외운다.
"누굴 닮아! 누굴 닮아!! 누굴 닮아!!! 누굴 닮아!!!! 누굴 닮아!!!!!"
갑자기 점쟁이가 딸랑딸랑 흔들던 방울을 내동댕이친다!
"점괘가 나왔습니까?"
"혹시 집안에 외국인이 있습니까?"
"아뇨, 왜요?"

"이상한데, 따님이 분명 외국인을 닮아서 그렇다는 점괘가 나옵니다."
"그럴리가요. 사돈에 8촌까지 우리 집안엔 외국인이 없습니다."
"댁의 따님이 공부도 않고 바람만 피고 사고뭉치가 된 건 바로 'Ji e mee'를 닮아 그렇다고 나옵니다."

이런 일도

- 그는 평생 주먹(깡패)으로만 살아서 비로소 60이 되었을 때, 자기도 손가락을 갖고 있었구나 알게 됐다.
- 그는 벼락부자가 돼서 화랑에서 5억 원 주고 그림 작품을 구매한 후, 그림은 창고에 처박아 놓고 5억 원 영수증을 표구해서 걸어 놓았다.

악연의 이유

- 자넨 옆집과 사이가 나쁘다면서?
= 아냐, 며칠 전 마당의 잔디를 깎으려니까, 기계 소리가 듣기 싫다고 기름통을 빌려주더군.
- 그래서?

= 그걸 그대로 옆집에 돌려주면서, 매일 밤 부인이 오페라 아리아 연습을 하는데, 노래하기 전 그 기름을 쓰시라고 했을 뿐야!

첫사랑

♡ 첫사랑이 잘 산다고 하면
  - 배가 아프고
♡ 첫사랑이 못 산다고 하면
  - 가슴 아프고

♡ 첫사랑이 살자고 하면
 - 골치 아프다.

계약금

바람 잘 피우기로 유명한 그 사내 맘에 드는 여자만 보면 무슨 수를 쓰든지 하룻밤을 지내고야마는 '타짜'였다. 그날도 너무나 맘에 드는 여자를 만나게 되어 암암리에 흥정을 마치고 하룻밤을 보내기로 했다. 그런데 그 남자가 아침에 떠날 때 약속했던 화대를 50%만 주고 떠나버린 것을 알았다.

그래서 그 사내 회사로 여자가 찾아갔다. 사무실에 들어가니 그 사내 책상 위엔 부장이란 팻말이 놓여있었다. 주변엔 직원들이 무슨 일인가 쳐다보는 분위기다. 저으기 놀란 그 사내 책상 앞으로 따각따각 걸어가 여자가 따졌다.

"부장님, 어제 저와 약속한 '임대료' (차마 화대라는 말을 부하 직원들이 보는 앞에서 할 수 없어서)를 왜 절반밖에 안 주세요? 나머지 금액을 받으러 왔습니다."

부장도 만만치 않은 인간이다. 여자가 '임대료'라고 했겠다. 조목조목 이유를 댔다.

"첫째 그 집이 새 집이 아니고 헌 집이었고, 둘째 방이 너무 휑하니 크고 넓었고, 셋째로 난방이 안 되어서 추워서 금방 사용을 중단하고 나왔는데 임대료를 100% 달라니 말도 안 되는 소리 하지 마십시요."

한심하다는 표정으로 그 남자를 쳐다보며, 여자가 조목조목 답변한다.

"부장님, 첫째 헌 집이라고 하셨는데 계약할 때 새 집이냐 헌 집이냐 묻지 않으셨고, 둘째 방이 크다고 했는데 방이 큰 게 아니라 가구가 너무 작아 방이 넓게 보인 거구요, 셋째 난방이 안 됐다고 했는데 집안 요소 요소에 난방을 올릴 수 있는 장치가 여럿 있었음에도 불구하고 사용방법을 몰라 춥게 지냈으니 제 잘못이 아니죠!"

그래서 그 사내는 한마디 변명 못하고 그 자리에서 계약금대로 100% 완불했다.

유혹

혹 자정이 넘을 무렵 당신 생각에 때로는 잠을 이루지 못합니다. 그대가 따뜻한 물에 온 몸을 덥히고 나왔을 때 당신을 내 앞으로 끌어당기는 순간 설레는 맘 진정키 어렵습니다.

윤기나는 피부와 속살은 강렬하게 저를 유혹합니다.

아, 당신의 부드러운 속살이 입속에서 톡 터질 때 출출한 이 밤 저는 미쳐버립니다. 아~ 내 사랑 만두!

실행

어느 재벌집 게으른 딸이 아침에 일어나서 비서에게
"이불 좀 개주세요."
했더니 비서가 그 이불을 가지고 나가서 개한테 줬다.

가난

대대로 찢어지게 가난한 집안이 있었는데
.
.
.
근데 결국 찢어졌다.

정답

여객선 안에서 세계적인 두 선박 전문가가 만났다.
A : 이 배의 길이는 200m, 폭은 55m나 됩니다. 그렇다

면 선장의 나이는 현재 얼마여야 한다고 생각하십니까?

B : 1시간 정도 여유를 주십시오.

1시간이 지나서 B가 A에게 답했다.

B : 선장은 올해 51살입니다.

A : 어떻게 계산해 내셨습니까?

B : 선장에게 직접 물어봤죠.

아내의 목소리

모처럼 휴일을 맞은 남편이 부인과 어린 아들을 데리고 백화점 쇼핑을 갔다. 그런데 백화점 카운터에서 일하는 여직원이 가슴을 훤히 내놓은 듯 깊숙이 파인 블라우스를 입고 있는 것이었다. 여직원이 약간만 몸을 숙여도 가슴이 훤히 드러나 보였다.

남편이 물건값을 지불하기 위해서 카드를 건네자 계산기를 만지느라 여직원이 상체를 앞으로 굽혔고, 순간 그녀의 커다랗고 풍만한 젖가슴이 남편의 눈 앞에 들어왔다. 거길 훔쳐보고 있었는데 뒤쪽에서 별안간 아내의 목소리가 들려오는 것이었다.

"보는 건 괜찮지만, 만지면 안 돼~!"

남편은 가슴이 철렁 내려앉아 얼른 얼굴을 돌려서 아내

를 쳐다보았다. 그러나 그때 아내는 진열대에 물건을 만지작거리는 아들에게 하는 말이었다.

소원

수녀님을 태우고 가던 택시기사가 갑자기 엉뚱한 말을 꺼낸다.
"수녀님, 저는 40년을 살아오면서 꼭 한 번 해 보고 싶은 것이 있습니다."

"기사님, 그렇게 하고 싶은 것이 무엇입니까?"
"부끄러워서 차마 말씀을 못 드리겠습니다."
"우리 둘만 있는데 말씀을 해 보세요."
"수녀님, 실은 불경스럽게도 저는 수녀님과 정열적인 키스를 한 번 해 보는 것이 소원입니다."
잠시 망설이던 수녀는 믿을 수 없는 대답을 했다.
"당신이 결혼 안 한 독신이라면 키스를 해드리겠습니다."
그 말에 감격한 택시기사가 말했다.
"예, 정말로 저는 독신입니다!"
"그러면 택시를 조용한 곳에 세우세요"
신이 난 기사가 택시를 공원 한적한 곳으로 몰고 가자 수녀는 약속한대로 정열적인 키스를 해 주었다.
뜨거운 시간이 지나자 기사는 흐느껴 울기 시작했다.
"기사님, 소원을 푸셨는데 어찌하여 우십니까?"
"네. 수녀님, 정말 제가 못된 놈입니다. 제가 수녀님께 거짓말을 했습니다. 사실인 즉 저는 결혼을 한 유부남입니다……"
그 말을 들은 수녀는 대수롭지 않게 말했다.
"뭐 그런 걸 가지고 마음 아파하십니까? 나는 지금 '가장 무도회'에 가기 위해서 수녀 복장을 한 남자입니다. 하하하……"

사자성어

초등학교 4학년 국어시간에 담임 선생님이 쪽지 시험을 냈다.

《문제》
술에 취해 동네 길거리에서 큰 소리를 지르거나, 노래를 부르는 것을 사자성어로 무엇이라 하는가?

《답》이 여러 가지 나왔다.
- 고성방가
- 고음불가
- 노상찬가
- 고래고래

그런데 한 학생이 써낸 답안지를 보고 교무실에 있던 선생님들이 뒤집어졌다.

《답》
- 아빠인가

정치인과 게

정치인 몇 명이, 넓은 논두렁에서 '게'를 잡고 있는 농부를 만났다. 농부는 잡은 게를 뚜껑도 없는 바구니에 집어넣고 있었다.

국회의원이 물었다.
"여보시오. 바구니에 뚜껑이 없으니 게들이 기어 나와 다 도망가버리지 않소?"

그러자 농부는 대답했다.
"뚜껑 따위는 필요 없어요. 이 '게'들은 정치하는 놈들과 같아서, 그중 한 놈이 더 높이 기어오르려고 하면 다른 놈들이 그놈을 끌어내리니 걱정할 필요가 전혀 없단 말이요."

농부가 바구니를 내밀며 제안했다.
"한 번 보실라우?"

바구니를 들여다보니, 거의 탈출하려는 한 놈을 3~4마리의 게가 '게거품'을 물고 죽어라 끌어내리고 있었다.

버스에서

여자가 수줍은 듯한 얼굴로 "저 이번에 내려요~" 하면 남자가 여자를 따라 내리면서 "저는 두 정거장이나 지났는걸요." 하는 광고가 잊혀지지 않는다.

홍자는 자신도 한 번 멋진 남자가 옆에 서 있을 때 따라 해 보기로 했다. 내릴 때가 되자 홍자는 옆에 있는 남자에게 최대한 수줍은 얼굴로 홍조를 띠며 말했다.
"저 이번에 내려요~"
그러자 남자는 홍자를 힐끗 보더니 창가에 벨을 꾹 눌러 주고는 버스 안쪽으로 들어가버린다.

기본요금

택시를 탔는데 운전이 거칠 뿐 아니라 기사가 불친절하다.
목적지에 도착하자 승객은 '기본요금'을 빼고 택시비를 지불했다.
택시기사는 인상 쓰며 "왜 기본요금을 빼는 겁니까?"
그러자 승객은 "기본이 안 된 택시에게 어떻게 '기본요금'을 줍니까!"

이미 한방 날렸어

영자가 언니 영애에게 말했다.

"나더러 언니하고 똑같다는 사람이 있어요"

"누구야? 그 따위로 말한 녀석이. 이름을 대봐, 다음에 만나면 한 대 갈겨주게."

"언니가 손대지 않아도 돼. 내가 이미 그 녀석 턱을 한방 날려버렸어요!"

명품 택시기사

시골에서 올라온 할머니가 '예술의 전당'에 갈 일이 생겼다. 그런데 아무래도 '예술의 전당'이라는 어려운 단어를 외우기 어려워 '예술의 천당'으로 기억하기로 했다. 그런데 택시를 타자마자 목적지가 생각이 안 나는 것이었다.

"어디까지 가십니까?"

"음…저 뭐드라…."

"손님, 목적지가 어디세요?"

"에…'예수 천당' 이라던가… 뭐라던가 그리로 가주세요."

"예, 그리 모시겠습니다."

아, 그런데 뜻밖에도 택시기사는 '예술의 전당' 앞에 바로 내려준다.

"기사양반 고맙소. '예수 천당'이라고 했는데 어떻게 제대로 데려다주는거유?"

택시기사가 말했다.

"'예수 천당'은 아무것도 아닙니다. 어제는 '이튼튼 아파트' 가자고 해서 'e편한 세상'으로 모셨구요, '메리야스 호텔'로 가자는 할아버님을 '메리어트 호텔'로 모셨더니 '제대로 왔데이!' 하며 기뻐했습니다."

베드로의 판단

목사님과 총알 택시기사가 같은 날 이승을 떠나 하늘나

라에 가게 되었다. 천국문과 지옥문이 양옆에 서있는데 수문장으로는 예수님의 제자 '베드로'가 천국문과 지옥문의 열쇠를 손에 쥐고 두 명을 맞이했다.

그런데 베드로 사도는 목사님은 지옥문 앞에 대기시켜 놓고, 총알 택시 기사는 천국 문 앞에 대기시키는게 아닌가.

목사가 베드로 사도께 항의했다.

"이럴 수가 있습니까?"

'베드로' 사도가 목사에게 대답했다.

"너는 설교할 때 교인들이 하품하거나 졸면서 말씀을 귀 기울여 듣거나 목숨걸고 매달려 기도하는 자가 없었으나, 총알 택시 기사는 운전할 때 택시 안에 탄 승객들은 졸지 않을뿐더러 급커브를 돌 때마다 '오! 주여, 오! 주여' 하며 내게 매달려 목숨 걸고 기도하였으니 그럴 수밖에 없다."

꽃과 바람

하늘 나라에 먼저 온 남자들은 각자가 머무는 방문 앞에 자신이 이승에서 아내 이 외의 여자와 바람 피운 숫자만큼의 꽃송이가 꽂혀 있었다.

남편보다 1년 늦게 하늘나라에 올라온 아내, 여기 오니 남편이 보고 싶어졌다. 관할 책임자에게 남편을 만날 수 있게 해 달라고 부탁했다.

"좋소, 허락하겠소. 그런데 남편을 찾을 수 있겠소?"

"물론이죠. 지금까지 살면서 아내 몰래 바람 피운 건 딱 2번뿐이라고 양심고백한 적이 있거든요."

"알겠소 그럼 우선 두 송이의 꽃이 꽂혀 있는 문들을 노크해 보시지요."

"감사합니다."

아내는 2송이 꽃이 꽂혀 있는 문 수백 개를 노크해 봤는데 모두 다른 남자들만 고개를 내밀고 남편을 만날 수 없었다.

다급해진 아내는 3송이 문을 다 뒤졌는데도 남편을 만날 수 없었다. 그래서 4송이, 5송이 급기야는 10송이가 꽂혀 있는 문에도 남편은 없었다.

하루 종일 허기지게 찾아 헤맨 아내는 드디어 남편을 찾을 수 있었는데… 찾던 그 놈이 얼굴을 내민 대문 앞에는 '안개꽃 꽃다발'이 걸려 있었다!

입상자 공적

"술 주정뱅이 대회" 입상자 공적.

3위 : 야외 수돗가에서 목이 말라 물을 틀어 한 모금 마신 후 소변을 참지 못해 볼일을 보다가 잠그지 않은 수도꼭지 생각은 하지 않고 아무리 해도 소변이 끊기지 않는다고 울고 있던 사람

2위 : 아들 맞선 자리에서 술김에 "너 같은 녀석한테 우리 귀한 딸을 줄 수 없어!" 하며 상대편 딸을 억지로 끌고 나가려 했던 아버지

1위 : 전철역 플랫폼에서 달려오는 전동차에 "헤이! 택시! 따불따불!!"하며 손가락 두 개 내보이며 전철을 따라 뛴 사람

귀부인 티

벼락부자가 된 여자가 교양있는 귀부인 티를 내려고 유명한 미술관에 들렀다.

여 자 : 이 그림은 '미켈란젤로'의 그림이죠?

가이드 : 아닙니다 '레오나르드 다빈치'의 작품입니다.

여 자 : 이 그림은 '밀레'의 작품 아닙니까?

가이드 : 아닙니다. '세잔느'의 작품입니다.

자신의 실수를 만회할 기회를 엿보다가 어느 낯익은 액자가 보이자 가이드에게 말했다.

여 자 : 이 그림은 '피카소의 추녀' 아닙니까?

가이드 : 부인, 그냥 거울인데요.

공통점

¿ 공통점 찾기 퀴즈 ¿

Q : 혼자 사는 할매와 실패한 예술가의 공통점은?

.

.

.

A : 영감이 없다는 것.

-

Q : 고기 굽는 불판과 정치판의 공통점은?

.

.

A : 자주 갈아줘야 한다는 것.

지혜

성당 3층에서 천주교 신부님이 성경을 읽고 있는데 갑자기 미친 사람이 칼을 들고 뛰어들어와 무턱대고 소리치며 외쳤다.
"당신이 3층에서 뛰어내려서 안 죽는다면 나도 하나님을 믿겠다. 자, 어서 뛰어내려 기적을 보여봐!"

신부님은 순간적으로 지혜를 달라고 기도했다.
"형제님, 잠깐! 3층에서 1층으로 뛰어내리는게 무슨 기적입니까? 1층에서 3층으로 날아올라야 기적이죠."
"뭐라구? 신부 당신, 그럼 날아 오르겠다는거야?"
"물론입니다. 형제님께서 창문가에 그 칼을 들고 그대로 서 있으면, 제가 날아 오르겠습니다."

그래서 신부님은 무사히 1층으로 내려왔고 미친 사람은 경찰이 올 때까지 3층 창가에 서있었다.

말조심!

한 남자가 맥주집에서 보던 TV뉴스를 탁! 끄고 카운터를 주먹으로 쾅! 내려치더니

"빌어먹을! 이 나라 정치인들은 한결같이 사기꾼이나 다름없어!"

그러자 맥주잔을 채우고 있던 덩치 큰 사내가 불끈 일어서며 외쳤다.

"당신, 그 말 당장 취소하시오!"

남자가 험악해진 사내의 태도에 겁먹으며,

"왜요, 당신 정치인이요?"

그러자 덩치큰 사내 왈,

"말 조심하시오! 난 사기꾼이요."

기억력

고교 동창들과 월례모임이 있는 날인데 개인 사정으로 좀 늦게 되었다. 그런데 총무가 얘기해 줬던 장소가 생각이 나지 않아 전화를 했다.

"야, 총무! 나 지금에야 가려고 하는데, 우리 모임 장소가 어디라고 했지?"

"너와 함께 예전에 왔던 인사동 '나의 살던 고향'이야, 빨리 와라!"

나는 택시에서 내려 인사동 골목을 찾으면 기억 날 것 같아 이리저리 헤맸으나, 도저히 어디쯤인지 종잡을 수가 없었다. 시간이 급해지자 나는 지나가던 사람에게 물었다.

"저…죄송하지만… '나의 살던 고향'이 어디죠?"

그러자 그 사람은 이상한 눈빛으로 날 쳐다본다. 하지만 다급한 마음에 다시 한번 물었다.

"혹시 '나의 살던 고향'이 어딘지 아십니까?"

그러자 그 사람은 씨-익 웃으면서, 내게 한마디 던지고 사라진다.

"꽃 피는 산골이겠죠! 뭐……."

아가씨와 아줌마

•○• 마음이 괴로울 때 •○•

아가씨 : 하얗게 뜬 눈으로 밤을 지새우지만

아줌마 : 술 마시고 눈이 붓도록 잔다.

•○• 외출 시 옷 입을 때 •○•

아가씨 : 옷을 입을 때 어떻게 하면 속살을 더 많이 노출

시킬까 고민하지만

아줌마: 어떻게 하면 찐 살을 더 감출 수 있을까 고민한다.

•○• 밥을 먹는 이유 •○•

아가씨: 배가 고파서 뱃속의 허기로 밥을 먹지만

아줌마: 가슴속의 허전함 때문에 허기로 밥을 먹는다.

사내들

병태네 집에 불이 났다.

"못 나온 사람이 집안에 있어요! 누가 좀 들어가 구해주세요!"

병태 엄마가 소리쳤지만 사람들은 불구경만 할 뿐 가만히 서 있었다.

그 때 병태가 젊은 사내들이 모여 있는 곳에 가서 뭐라고 한마디 외쳤다. 그러자 사내들이 목숨 걸고 서로 먼저 불길을 뚫고 집안으로 뛰어 들어간다.

궁금해진 엄마가 물었다.

"얘 병태야, 뭐라고 했길래 저렇게 난리니?"

"음. 지금 우리 누나가 욕실에서 샤워 중인데 불이 났다고 했어요!"

신병과 고참

어느 부대에 신병이 전입해 내무반장에게 신고식을 했다. 내무반장이 신병에게 물었다.

"야, 너 누나 있어?"

그러자 신병은 대답했다.

"옛! 무지하게 이쁩니닷. 별명이 '미스코리아'입니닷."

"크기는?"

"예?"

"야 임마, 가슴이 크냐고?"

"아~~ 옛! 외국 여배우 못지않게 큽니닷!"

"좋았어, 이제 너에게 내가 특별히 신경을 써줄게. 불침번이나 야간 보초도 피곤하면 내게 얘기해라. 니 편의 다 봐줄게."

"내무반장님, 정말 감사합니닷!"

"야 신병, 그런데 니가 누나 큰 가슴 정말 봤냐?"

"옛! 제 눈으로 직접 봤습니닷!"

"그래? 하긴, 누나니까 볼 수도 있겠지. 근데 언제 봤냐?"

"옛! 조카 젖 줄 때 봤습니닷!"

그날 밤 그 사건 이후로 아무도 신병을 막사 내에서 볼 수 없었다.

그 다음에 한 일

전쟁이 끝난 뒤 전쟁터에 나갔던 군인들이 하나 둘 고향으로 돌아오기 시작했다. 한 신문사의 여기자가 전쟁터에서 살아 돌아온 병사들의 영웅담을 인터뷰하기로 했다.
여기자는 귀향한 구리빛 얼굴의 한 병사를 마을 거리에서 만나 인터뷰를 했다.
"전쟁이 끝나고 집에 돌아왔을 때 맨 처음 한 일이 뭐였죠?"
"아내를 번쩍 안고 침대로 가서 열렬한 사랑을 했죠."
너무나 당당한 멘트에 그만 얼굴이 빨개진 여기자는 서둘러 주제를 돌리기 위해 다시 물었다.
"그런 것 말고요, 사랑을 마친 그 다음에 무얼 했냐구요?"
그러자 잠시 기억을 더듬더니 그 병사는 이렇게 대꾸했다.
"음……. 그 다음엔 어깨에 메고있던 무거운 군용배낭을 벗었죠!"

남자들은 언제?

숙맥인 여자가 결혼을 했다. 그녀는 떨리는 마음으로 신혼여행을 떠났다. 며칠이 지난 후 신혼여행에서 돌아와

문안 인사를 하기 위해 친정에 들렀다.

그녀의 어머니와 언니들이 궁금해서 슬쩍 물어보았다.

"어머, 얘 얼굴 핼쑥한 것 좀 봐, 호호호."

"얘, 신혼여행 어땠어?"

그러자 그녀가 얼굴이 빨개지며 들릴 듯 말 듯한 목소리로 입을 열었다.

"엄마, 도대체 남자들은 언제 잠을 자는 거예요?"

눈치 없는 아내

추석이 하루 지난 가을 밤이다. 강원도 산골로 귀촌해 살고 있는 초로의 부부가 있었다. 가을밤 바람이 서늘했지만 부부가 툇마루에 나앉아 달을 쳐다보며 회상에 잠긴다.

남편 : 세월의 흐름은 화살 같군. 안 그래 여보?

남편이 먼저 말을 꺼냈다.

남편 : 우리가 귀촌한 지도 벌써 15년! 점점 나이가 들며 늙어 가는군……. 머지않아 우리 둘 중 누군가는 먼저 하늘나라로 떠나가겠지.

그러자 아내가 망설이지 않고 대답한다.

아내 : 그럼요, 그렇게 되면 나는 다시 도시로 돌아갈 거

예요.

남편 : …….

밤에 쓸 거

신혼여행을 갔다 온 다음날, 느지막하게 잠에서 깬 신랑과 신부. 신부가 일어나 꽃무늬가 있는 가벼운 봄 이불을 개서 장롱에 넣으려 하자 신랑이 말했다.

신랑 : 왜 힘들게 이불을 개서 장롱에 넣고 그래?

신부 : 이불은 이따 밤에 쓸 거니까 넣어 놔야죠.

신랑은 그 말을 듣고 나서, 말없이 신부를 바라보다가 냅다 신부를 안아서 장롱에 넣으려고 한다.

신부 : 어머, 자기 왜 그래요?

신랑 : 당신도 이따 밤에 쓸거잖아.

꼬리표의 속임수

10월이 됐다고 벌써 겨울상품 세일이 한창이다. 순모 100% 담요를 반값에 세일한다는 가게에서 담요를 사가지고 집에 와서 꼬리표를 보니 《면40%, 폴리에스터 60%》라고 적혀 있다. 손님은 화가 나서 담요를 들고 가게로 달려가 주인에게 따졌다.

손님: 이 꼬리표 확인해 보세요! 이게 어떻게 100% 순모입니까? 이렇게 장사해도 되는겁니까?

주인: 아~이거요? 순모 100% 라고 표시하면 미친듯이 갉아먹는 '좀벌레'들을 속이려고 가짜로 붙여 놓은거예요.

몇 가지 물음

센스 없는 몇 사람을 찾기 위한 진지한 물음 몇 가지.

(₩) '죽이다'의 반대말은?
(&) 전기가 나가면 걸리는 비상은?
(÷) 외할머니를 두 글자로 줄이면?
(€) 좋은 약은 병 고치는데 쓴다. 좋은 말은 어디에 쓸까?
(☆) 가장 싼 사냥 도구는?

(₩) 밥이다
(&) 초 비상
(÷) 모모 母母
(€) 경마 競馬
(☆) 파리채

어떤 웃음

유명한 코미디언이 여러 사람을 모아놓고 재치있는 유머를 펼쳤다.
'퀵 서비스 배달원'은 유머를 듣자마자 곧바로 퀵! 웃었고.
'완행 버스기사'는 유머를 듣고 난 다음날 아침 출근 때 쿡쿡 웃었고.
'복사기 영업사원'은 들은 그 유머를 한 자도 틀리지 않고 똑같이 따라해서 몇 번이고 웃겼고.
'공무원'은 그 유머를 듣고는 일과 시간 중 내내 웃다가 퇴근시간 정각에 웃음을 멈췄고.
'검사'는 유머를 듣고는 코미디언이 그 유머를 구상했던 현장을 압수수색해 모든 사람을 웃겼다.

기말고사

신학생 김요셉의 기말고사 이야기.
'창세기' 천지창조와 관련된 문제가 출제되었는데, 아무리 머리를 짜내도 마땅한 답안이 생각나지 않았다.
결국 답안지에 "정답은 하나님만이 아신다." 라고 쓰고 제출을 했다.
나중에 받아 든 성적표 학점란엔 '하나님 A+, 김요셉 F' 라고 적혀 있었다.

은붕어

친구네 집에 가서 어항에서 재미있게 놀고 있는 '금붕어'를 본 병태는 자기도 기르고 싶었다. 병태는 집에 와서 돼지 저금통을 깨서 붕어 파는 가게로 갔다.
가지고 간 돈을 주인에게 내밀며,
병태 : 아저씨 '금붕어' 한 마리만 주세요
병태가 가져온 돈을 보더니,
주인 : 이 돈으로는 한참 모자란다. 물론 외상은 절대 안 된다.
병태 : 아저씨 그럼 '은붕어'로 주세요.

집에도 있는 물건

바람둥이 중년 남자가 차를 몰고 시내를 달리다가 신호대기로 멈춰섰다. 옆 차선으로 달려오는 차도 정지선에 나란히 멈춰섰다.

중년 남자가 옆 차를 보니 선글래스를 낀 멋진 중년 여성이 타고 있었다. 남자는 호기심이 발동하여 창문을 내리고 살짝 클랙슨을 울려봤다. 여성은 길을 물어오는 줄 알고 창문을 열고 남자를 바라보았다.

그러자 남자가 점잖은 목소리로
"사모님, 시간이 괜찮으시면 커피숍에 가서 차 한잔 하실까요?"

그러자 여성은 남자를 물끄러미 바라보다가 파란 신호등이 들어오자 달려나가며 한마디 던졌다.
"에구, 너 같은 건 집에도 있다."

어떤 사이?

저 광활한 우주 은하수에 '북두칠성'과 '남두칠성'이 살았다. 그들은 어느 별자리보다 남다르게 사이가 좋았다.
이를 보고 있던 '카시오페야'가 샘이 나서 물어보았다.
"야, 너희들 어떤 사이야?"
그러자 그들이 대답했다.
"칠성 사이다!"

긴장

평생을 가족을 위해 성실하게 살아온 중년 부인이 있었다. 이제는 자신도 다른 친구들처럼 사교춤을 좀 배우고 싶어서 학원에 등록했다.

3개월 정도 배우고 나서 처음으로 카바레에 가서 조신하게 앉아 있었다. 가슴이 두근거리고 발끝이 떨려서 견딜 수가 없었다.

그때 한 남자가 다가와 정중히 인사를 하며 한 손을 내밀었다. 그녀는 못 이기는 척하며 플로워로 따라 나섰다. 하지만 심장이 떨려 스탭이 꼬이고 몸과 마음이 따로 놀았다.

사내가 한마디 했다.

"사모님 긴장하셨나 봐요?"

그녀는 이렇게 대답했다.

"네, 30포기 했어요."

성경 말씀

어떤 남자가 기차 여행을 하는데 옆의 사람과 인사를 나누고 보니 둘은 모두 크리스천이었다.
그런데 점심때가 되자 그 중 한 명이 도시락을 꺼내 기도를 하고는 못 본 체 혼자 먹는다.
남자는 옆 사람에게 먹어 보라는 말 한마디 없는 게 너무하다고 생각했다. 더욱이 그는 도시락을 챙기지 못해 시장끼를 더 느끼고 있던 터였다. 그는 은근히 괘씸한 생각이 들어 한마디 했다.
"형제님, 저는 요즘 '네 이웃을 내 몸과 같이 사랑하라'는 주님의 말씀이 참 귀하다고 생각됩니다."
그러자 상대는 도시락을 감싸며 말했다.
"네. 좋은 말씀이죠, 형제님. 그런데 저는 '네 이웃의 것을 탐내지 말라.'는 말씀이 더욱더 귀하다는 생각이 듭니다."

점쟁이

외출했던 아내가 집안으로 들어서며 남편에게 말했다.

"여보, 나 오늘 용하다는 점쟁이한테 갔다 왔어요."
"그래, 무슨 좋은 점괘라도 나왔소?"
"내가 잘나가는 사장 부인이 될 거래요."
"허허~ 그럼 내가 앞으로 잘나가는 사장이 된다는거야?"
"하지만……."
"하지만 뭐?"

.

.

.

.

"하지만, 첫 남편은 일찍 죽을 거래요."

추도사

악한 두 형제가 있었다. 그들은 엄청난 부자였지만 가난한 사람들을 착취했고, 평생을 마약과 여자에 빠져 살았다. 하지만 그들도 겉으로는 독실한 성자로 보이고 싶었는지 누구보다 많이 교회에 헌금을 바쳤다.
그러던 어느 날, 형이 사고로 죽게 되었다. 목사가 장례를 맡게 되었고, 동생이 목사에게 다가오더니 위협하듯 말했다.

"우리 형이 성자였다고 말해주시오. 꼭!"

그 바람에 목사는 장례식이 시작되기 전까지 고민에 고민을 거듭했다.

드디어 마을 사람들이 모두 모인 가운데 식이 진행되었고, 목사가 추도사를 시작했다.

"고인은 마약과 여자에 푹 빠져 살았고, 가난한 사람들을 착취했으며, 돈을 나쁜 곳에만 사용했습니다."

동생이 깜짝 놀라서 목사를 쳐다보자, 목사가 동생과 눈이 마주치자 말을 이어갔다.

"하지만 그 동생에 비하면 그는 성자였습니다."

고맙쥬!

노인회관에서 경로잔치가 벌어졌다. 사회자가 가장 즐거워하는 노인부부를 찾아가 할아버지한테 질문을 했다.
"두 분이 아주 다정해 보이십니다. 만약에 할아버지가 다시 태어나신다면 지금 할머니와 결혼하시겠어요?"
"예, 나는 다시 태어나도 지금 마누라와 결혼할 겁니다."
그러자 여기저기서 박수와 감탄사가 터져 나왔다.

사회자가 이번에는 할머니한테 똑같은 질문을 했다. 그러나 할머니는 고개를 저으며 절대로 안 한다고 했다.

"할아버지! 할머니는 다시 태어나면 할아버지와 결혼 안 하신다는데요."

그러자 할아버지

.

.

.

.

"그렇다면 저야 엄청 고맙쥬! 뭐."

볼펜

담임 선생님이 수업시간에 필기하고 있는 학생의 외제 볼펜을 보며 얼마냐고 물었다.
그 학생은 너무 비싸면 혼날까봐 십값만 말했다.
"저…… 십만 천 원이예요."
그러자 선생님이 화를 내면서,
"뭐야! 학생 주제에 십 만 원이 넘는 볼펜을 쓴다고?"

조직의 이름

어느 산골 마을에 새우깡이 살고 있었다. 새우깡은 혼자 살았기 때문에 너무나 사람이 그리웠다. 그러던 중 감자깡이 옆집으로 이사왔다. 새우깡은 너무 좋았다. 그 둘은 정말 둘도 없는 친구가 됐다.
그러던 중 양파링과 고구마깡이 이사를 왔다. 처음엔 서먹서먹했지만 그들은 곧 친해지게 됐다. 그러다 최근에 먹태깡이 이웃으로 이사를 온 것이다.
시장에 나가서 장사 수완이 서로 좋은 것을 알게 된 그들은 너무 친해져 조직을 만들자고 했다. 그래서 조직을 만들었다. 그 조직의 이름은 무엇일까요?

.
.

농심.

피자 오픈

화난 고객과 피자배달 직원 간의 핸드폰 대화
고객 : 당신말야, 방금 배달해주고 간 피자, 토핑을 빼먹고 갖다 던졌어! 토핑 없이 납작한 빵만 달랑 들어 있다구!
배달 : 어이쿠! 죄송합니다. 즉시 반품처리해 드리겠습니다.
고객 : 잠간만요…아…저…씨, 제가 방금 실수했네요~ 피자를 뒤집어서 열었어요.

임무교대

남편이 저녁 식사 후 오랜만에 아내와 마주앉아 맥주를 한 잔했다. 약간의 취기가 오르자 남편은 부인에게 느끼한 유혹의 눈빛을 보내며 말했다.
"여보, 오늘 저녁은 지금까지와는 다르게 우리 둘이 서로 위치를 한 번 바꿔 보는 게 어때?"
그러자 부인이 답했다.

"좋아요, 내가 소파에 앉아 TV를 볼테니까, 당신이 주방에 가서 설거지 끝내고 빨래 꺼내서 널도록 해요.

앗! 나의 실수

90세 노인이 죽어서
하늘나라로 가게 되었다.
마을 길을 걷다 보니 스무 살쯤
되어 보이는 젊은 놈이 어른을
보고 인사는커녕 반말을 하며
지나가는 것이다.
노인은 화가 너무 나서
젊은 놈을 붙잡아 호통을 쳤다.
"야 이놈아, 너는 애비 어미도 없냐? 얻다 대고 반말이야, 반말이! 인사도 없고."
그러자 그 젊은이가 대답했다.

.

.

.

.

.

"난 임진왜란 '한산도 대첩'에서 죽은 몸이다. 왜?"

번개

장마철 소나기 퍼붓는 한밤중 새벽 2시 혹은 새벽 4시쯤 친한 친구놈이 번개 때리면 어쩌나?
난 무조건 나간다. 하지만 새벽에 음식하러 일어나야 하는 주방장이 불쌍해서 어쩌나…….

오해

지하철 경로석에 앉은 할머니가 개를 안고 있었다. 양옆에는 할아버지들이 앉아 있었다.
개를 안고 있는 할머니가 사람과 대화하듯이 개에게 말을 걸었다.
"아이고. 내 새끼, 배고프니? 지하철 타니까 좋지? 그치?"
할머니가 계속해서 개와 얘기하고 있자, 옆에 할아버지가 한마디 했다.
"여기 공공장소인데 조용히 좀 합시다. 사람도 아니고 개하고 시끄럽게 뭐예요!"
그러자 할머니가 할아버지를 향해 사납게 쳐다보며 말했다.
"얘는 내 자식 같은 녀석이라 얘기 좀 하는데, 뭐가 시끄러워요. 자식처럼 소중하단 말이에요."
다음 역에서 내리려고 할머니가 개를 안고 일어나 출구 쪽으로 나가자 할아버지가 말했다.
"에구구, 저 할매는 어쩌다 개를 낳았대?"

지옥이 좋아

어느 여학교 동창회 파티에서 어쩌다 천당과 지옥 얘기가 나왔다. 그때 한 여자가 옆의 친구에게 소근거렸다.
"난 지옥이 더 좋아."
"어째서?"
"잘 노는 사내들은 죄다 거기 가 있대."

개 주인

어느 날 저녁, 공원을 산책하고 있었다. 한 아저씨가 커다란 개를 데리고 벤치에 앉아 있었다.
개를 좋아하는 나는 그 아저씨에게 다가갔다.
"아저씨, 아저씨 개는 사람을 무나요?"
"허허, 내 개는 사람을 물지 않지."
엄청나게 큰 개였지만 나는 그 말에 안심하고 개를 쓰다

들었다. 헉! 그런데 갑자기 사나워진 개에게 물려버렸다.

"아저씨! 안 문다고 그랬잖아요."

그러자 아저씨가 하는 말

"이 개는 내 개가 아녀~ 내 개는 우리집에 있어."

결정적 차이

부부들 모임에서 어떤 여자가 갑자기 문제를 던졌다.

"남자와 개의 차이점이 뭔지 아는 분?"

여러 대답이 나왔다

- 남자는 사람, 개는 동물.

- 남자는 꼬리가 없는데, 개는 있다.
- 남자는 두 발로 뛰고, 개는 네 발로 뛰고.

그 외 여러 대답이 나왔으나 모두가 틀렸단다.

그리고 그 여자는 조용하게,

"개는 아무리 술이 취해도 남자가 되지 않음."

없을 땐 우리도

손님 : 고기가 얼마입니까?

주인 : 한 근에 1만 원 합니다.

손님 : 저 건너 고깃집에서는 7천 원 하던데요.

주인 : 그 가게서 사시지 그러세요.

손님 : 고기가 없대요.

주인 : 우리도 고기가 없을 땐 5천 원에도 팔아요.

철들 때

부부가 14살 된 아들과 함께 화려한 강남의 밤거리를 걷고 있었다. 그런데 상의는 짧은 털코트에 아래는 미니스커트를 입은 멋쟁이 아가씨가 지나갔다.

아들 녀석이 "우와~" 하면서 아가씨를 쳐다보았다.

엄마가 대견하다는 표정으로 남편을 쳐다보며,
"여보, 당신 아들 벌써 철드네요."
잠시 후 늘씬한 스타일의 여자가 지나가자 남편은 자신도 모르게 "우와~" 하며 감탄사가 새어나왔다.
그러자 아내는 남편을 쏘아보며,
"에그, 웬수! 당신 언제 철들 거야?"

벌

"엄마! 젊었을 때 바람 피웠우?"
"그랬단다."
"그렇다고 벌받았나요?"
"그럼, 그 때문에 벌받느라고 니 아빠하고 결혼해 이 고생하는거 아니니."

말이 많은 이유

말을 많이 하는 것을 싫어하는 남자가 있었다.
하루는 집에 들어와서 TV를 보다가 아내에게 말했다.
"남자는 하루 평균 1천 마디 하고 여자는 2천 마디 한다는데, 여자가 왜 말이 많은 지 이유를 모르겠어."

아내가 잠시 생각하더니 이렇게 말했다.
"남편에게 한 말을 여자들이 자꾸 반복해야 하기 때문일거예요."
그 새 TV 뉴스에 빠져 있던 남편은,
"방금 뭐라구했지?"

예방 조치

한 골프광의 아내가 다음날 집에 손님들이 떼지어 찾아온다는 사실을 남편에게 알렸다. 그 소리를 듣자 남편은 마루에 있던 9개의 '퍼터'를 죄다 치웠다.
"설마하니 손님들이 훔쳐갈까봐 그러는 건 아닐테죠?"
"천만에 자기들 '퍼터'들을 알아볼 까봐 이러는 거야."

요술 방망이

중학생 아들이 매일 밤 12시가 넘어서 집에 들어왔다. 부모가 물어보면 독서실에서 공부하고 온다고 하는데 의심스러웠다.
어느 날, 아버지가 최신 전자상가에 갔는데 거짓말하는 사람을 때려주는 요술방망이를 발견하고 즉시 구입해 집에 왔다.

그 날도 중학생 아들은 밤 12시가 넘어서야 집에 왔다.

"너 어디에서 오는거니?"

"네, 독서실에서 오는거예요."

그러자 요술방망이가 아들을 마구 때렸다.

"너는 지금 거짓말하고 있어. 똑바로 얘기 못 해!"

"죄송해요 PC방에서 게임하고 왔어요."

"뭐? 게임을 하고 와? 야 인마. 아빠는 네 나이 때 PC방 근처에도 안 갔다."

그러자 이번에는 요술방망이가 아버지를 마구 때렸다.

이 모습을 보고 있던 엄마가 말했다.

"역시 그 아빠에 그 아들, 당신 아들 맞네요."

그러자 이번에는 요술방망이가 엄마를 정신없이 때렸다!!

두 방법

음식을 기가 막히게 맛있게 하는 고급 음식점에서 만나게 된 예쁜 아가씨에게 접근한 바람둥이 남자

남 : 참, 음식이 좋지요? 우리 내일 아침도 여기서 하는 게 어때요?

여 : 좋은 생각이예요.

남 : 그럼 제가 아침에 전화를 드릴까요, 그렇지 않으면 침대에서 깨워 드릴까요?

날씨가 좋아

남산에 살고 있는 비둘기가 시청에 살고 있는 비둘기 가족을 초청했다.
남산 비둘기 가족은 저녁 만찬을 차려놓고 아무리 기다려도 나타나지 않자 조바심을 갖고 하늘을 쳐다보고 있는데 2시간이나 지나서야 도착했다.
"이렇게 늦다니, 어떻게 된 거야?"
"응, 오늘은 날씨가 하도 좋아서 산책 삼아 걸어서 올라오느라구."

결혼 난제

- 결혼하셨어요?
= 네. 어디서 언제 했는지는 알겠는데, 왜 했는지는…

- 이제 결혼을 하셨으니 생명보험에 가입하셔야죠!
= 아니, 제 마누라가 그렇게 위험합니까?

- 그래, 자네 부인은 누가 중매했나?
= 내가 누굴 탓하겠나. 그냥 둘이 만난 거로 알고 있게.

나의 꿈

그 샐러리맨의 꿈은 적금을 깨고 대출을 받아서 술집을 차리는 겁니다. 술집 이름은 '사무실' 혹은 '회의중'으로 작명을 하는 겁니다.
업무에 시달린 샐러리맨들이 집에 빨리 들어오라는 전화에 비겁하게 거짓말하지 않으며 "나, 지금 사무실야!" "나, 지금 회의중에 있어!"라고 할수 있는 그런 술집!
재털이에는 '이사', '과장' 같은 딱지를 붙여 놓아서 누구든 "여기 과장 좀 갈아줘! 빨리!!" 라고 외칠 수 있는 그런 술집 차리는 게 그의 꿈입니다!

노력의 대가

시골길로 승용차를 몰고 가다가 진흙탕 수렁에 빠졌다. 아무리 해도 길에서 못 나오고 있는데, 마침 경운기 소리가 근처에서 들려왔다.
경운기 기사를 불러 후하게 사례를 주면서 수렁에서 빼

내달라고 했다.
"아저씨! 이런 일 자주 있으면 아주 수입이 짭짤하겠습니다."
"제가 그래서 매일 밤 새우다시피하며 여기에 물을 길어다 붓지 않습니까!"

위치 수정

사납고 우락부락하게 생긴 깡패 같은 사나이가 요란한 소리를 내면서 북적거리는 술집에 들어오자마자 자기 왼쪽을 쳐다보면 소리쳤다.
"이 왼쪽에서 술 처먹고 있는 새끼들은 다 '돌대가리'다!"
술집이 갑자기 조용해졌다.
그 사내, 곧바로 술을 한잔 쭉 마시더니 이번엔 오른쪽을 보면서 소리친다.
"이 오른쪽에서 술 처먹고 있는 새끼들은 다 '제비족'이다!"
다들 술주정을 당할까봐 숨죽이며 조용한데, 갸날프게 생긴 친구 하나가 왼쪽에서 오른쪽으로 쏜살같이 달려 이동을 했다.
"새꺄! 넌 뭐야!?"
"자리를 잘못 잡아서 제 자리로 찾아가는 길입니다!"

근무시간

부장 : 자네는 점심을 몇시간이나 먹고 들어오는거야?

신입 : 이발 좀 하고 오느라고 늦었습니다.

부장 : 근무시간에?

신입 : 머리가 근무시간에도 자라지 않습니까?

부장 : 그럼 근무시간 이 외에 자란 건?

신입 : 그래서 다 깎지는 않았잖습니까.

방법

남편은 아내에게

"여보 부탁이요, 올 겨울엔 꼭 오바코트를 하나 사주세요."

"물가는 뛰고 월급은 그대론데 그런 말이 나와요? 안돼요!"

"그럼 내가 강 추위에 감기가 걸려도 괜찮단 말이요?"

"그땐 '아스피린'을 바로 사줄 테니, 걱정 마세요."

물가 비상

신문을 훑어보던 아내가 남편에게 말했다.

"여보, 천 원짜리 지폐에 세균이 덕지덕지 붙어 있대요."
그러자 남편이 담담하게 대답했다.
"제 아무리 세균이라도 요즘같이 물가가 오른 세상에 천 원짜리 1장으로 먹고 살 수 있겠어?"

이혼의 이유

잘 살던 순희가 이혼을 했다. 친구가 물었다.
"순희야, 네가 이혼을 하다니 무슨 이유가 있었니?"
"응, 우리 부부 사이는 남편이 차를 사기 전까지는 아주 원만하게 잘 진행되고 있었어."
"근데, 차 때문에 무슨 문제라도 있었니?"
"남편이 사서 몰고 온 차에는 안전벨트와 에어백이 오직 운전석에만 장착되어 있었단 말이야!"

머니 토크

아내 : '돈이 말을 한다'는 게 사실이예요?
남편 : 그럼, 영어에도 있잖아. 'money talk!'
아내 : 그럼, 오늘 내 옆에 좀 놓고 출근하세요. 나와 집에서 대화 좀 하게요.

몸과 마음

늘 바람을 피우며 아내를 거들떠보지도 않던 남편이 모처럼 아내의 관심을 사려고 선물을 사들고 집에 들어오자 아내가 물었다.
"여보 당신 진심에서 이런 선물을 사들고 온 거예요?"
"그게 무슨 소리야?"
"생각해 보면 알 거 아네요. 몸은 나한테 와 있지만 마음은 분명히 그 여자한테 가 있잖아요!"
그러자 남편이 얼른 말을 받았다.
"그럼 앞으로는 몸은 그 쪽에 가 있고 마음은 당신한테 와 있게 할까?"

전화

둘째 아이를 가진 임산부가 산부인과 정기 검진일에 유치원에 다니는 딸을 데리고 갔다.
"엄마 뱃속에 아기가 생긴 거야?"
"응."
"남자야?"
"그런 것 같구나."
"아이 좋아! 내가 아빠한테 전화할까?"
"그래라."
딸아이가 아빠한테 전화해서 하는 말.
"아빠! 엄마한테 남자가 생긴 거 같아!"

신혼여행

금빛 모래사장과 푸른 파도가 유명한 해변의 관광지로 달콤한 신혼여행중인 남녀
남 : 자기, 정말 나 사랑해?
여 : 그럼 사랑하구말구.
남 : 그럼 만약 내가 저 바다에 빠져서 못나온다면 어떻게 할 거야?

여 : 다음 신혼 여행 땐 산으로 가자고 할래요.

전문가

시집간 딸이 친정에 와서 남편이 바람을 피워 속상하다고 아버지에게 하소연하면서 대처 방안을 물었다.
잠자코 듣고 있던 아버지가 조언했다.
"그 문제는 네 엄마에게 물어보는 게 더 나을거다. 엄마가 잘 알고 있거든. 아주 전문가니까."

역사는 반복

담임 선생님과 학생 아버지인 학부형과의 대화
아버지 : 우리 아이 역사 성적은 어떻습니까? 부끄러운 이야기입니다만, 저는 학교 다닐 때 역사 성적이 별로였습니다.
선생님 : 역시 역사는 반복되는 것이로군요.

정치가 소질

아내 : 당신은 어째서 우리 아이가 장래에 정치를 하게

될 거라구 생각하는 거유?

남편 : 녀석이 아주 그럴싸하게 들리지만 사실은 아무 알맹이가 없는 말을 잘도 늘어 놓는 걸 보면 정치인 될 소질을 100% 타고났어!

금슬의 비결

결혼 1주년을 맞는 철구에게 친구 병태가 부러운듯이 말했다.

= 철구야, 너희 부부는 금슬이 좋다고 소문났다며?

- 응, 우린 아직 말다툼 한 번 해본 적 없어.

= 부럽다 부러워, 무슨 비결이라도 있니?

- 뭐, 비결이랄 것도 없지만, 낮엔 와이프는 직장에 나가 자기 하고 싶은 일을 하고, 난 나대로 낮엔 나 좋아하는 중장비로 작업하는 일을 하지.

= 그럼 밤엔?

- 둘이 좋아하는 일을 함께 한다네!

누드 모델

누드 모델을 전문으로 그리는 유명 화가가 추운 날씨에

도 불구하고 화실에서 작업에 열중하고 있었다.

그런데 갑자기 누드 모델이 하소연한다.

"선생님 날씨가 너무 추워요. 감기 걸리겠어요."

그러자 화가는 두툼한 코트를 가져오더니 자신이 걸쳐 입고는 말했다.

"고마워 알려줘서, 그렇지 않아도 요즘 독감이 유행한다던데……."

그러고는 계속 그림을 그려 나갔다.

풀

우아한 자태로 길을 가는 매력적인 아가씨에게 한 젊은 남자가 다가선다.

"저 혹시 '풀' 좀 있나요?"

의외의 질문에 어리둥절한 여자

"풀은 뭐하게요?"

"말 좀 붙이려구요."

그런데 왜?

남자 : 너는 요리 못 하는 아가씨를 어떻게 생각하니?

친구 : 절대 싫어!

남자 : 그럼 돈 씀씀이가 헤픈 아가씨는?

친구 : 물론 더 싫어하지.

남자 : 스타일이 촌스런 아가씨는?

친구 : 아주 딱 질색이다!

남자 : 그런데 넌 왜 내 애인에게 끈질기게 접근하냐?!

들킨 마음

조용하고 얌전한 중년 남자가 바람이 심하게 부는 날 아내의 장례를 치르고 집에 와 마당에 들어서며

"자, 이제 밤이 외로워 어떻게 지내지?"

순간 지붕의 기왓장이 바람에 날려 남자 머리통을 갈겨 버렸다.

"아이쿠 앗!!"

머리를 감싸고 마당에 주저앉아 하늘을 올려다보며 원망하듯,

"여보, 진심으로 한 말이 아니구, 그냥 한 번 해본 소리라구."

용기

초등학교 아들이 좋아하는 여자아이가 생겼다.
아빠가 아들에게 말했다.
"아들, 가서 좋아한다고 말해라. 용기있는 남자만이 미인을 얻을 수 있는 법이란다."
그러자 아들이 말했다.

.

.

.

.

"그럼, 아빤 옛날에 왜 그렇게 용기가 없었어?"

오해

어느 회사 대표가 처음 출근한 비서 아가씨를 불러 편지를 받아쓰게 했다. 여행 중인 부인에게 보낼 편지였다. 편지를 끝낸 대표는 서명을 하려고 받아 든 종이에 "아이 러브 유"라는 마지막 한 문장이 빠졌음을 발견했다.

대표 : 끝부분의 한 문장이 빠졌네. 깜빡 잊은 건가?
비서 : "아이 러브 유"라는 문장 말인가요?

대표: 그렇지.

비서: 어머, 그 문장은 대표님이 저에게 하시는 말씀인 줄 알았어요.

곰탱이 영감

경매장에서, 어떤 60대 부인이 유명한 서커스나 동물원의 경쟁자들을 당당히 물리치고 경매로 '곰'을 샀다.

"부인께서는 '곰'을 사서 서커스단이라도 차리시려는 겁니까?"

"천만에요. 사실은 얼마 전 미련 곰탱이 같은 영감이 죽었는데, 그후 어찌나 허전한지." 하며 60대 부인은 유유히 곰을 끌고 집으로 향했다.

스승과 제자

어느 마을에 늙은 의사 후임으로 오게 된 젊은 의사가 이튿날 함께 마을 회진에 나섰다.

첫째 집 여자는 '배가 너무 아프다'고 했다.

"과일을 너무 많이 드신 게로군요."

노인 의사는 말했다.

그 집을 나서자 젊은 의사는 물었다.

"선배님 진단이 틀림없는 것 같던데 진찰도 안 하시고 어떻게 빠른 진단을 내릴 수 있었습니까?"

"방바닥에 떨어뜨린 청진기를 집어들려다 보니 쓰레기통 속에 바나나 껍질이 가득 찼더군."

다음 집으로 갔다. 젊은 여자는 '통 기운이 없고 하루 종일 노곤하다'고 했다.

젊은 의사가 말했다.

"잠자리에서 일이 너무 과하고 무리하게 하신 거 같네요."

그 집을 나서자 늙은 의사가 물었다.

"자네 진단이 틀림없는 것 같던데, 어떻게 그런 진단을 내리게 된건가?"

"방바닥에 떨어뜨린 청진기를 집어들려다 보니 쓰레기통 속에 콘돔이 가득 찼더군요."

실수 또 실수

파티에 모인 손님 중 한사람이 비평가인 척 옆에 앉은 사람에게 무대위에서 노래하는 여가수에 대해 비난한다.
"너무 시끄럽고 듣기 싫은 목소리군요. 저 여가수가 누군지 아슈?"
"예! 제 아내입니다."
옆의 남자가 대답했다.
"앗, 제 실수를 용서해 주십시오!"
그 잘난 체했던 사나이는 당황해 더듬거리며 변명을 늘어 놓는다.
"실은 저 가수의 잘못이 아닙니다. 저런 형편없는 노래를 누가 작곡해서 저 가수에게 부르게 했는지 오히려 그 인물이 궁금하군요."
"그렇습니까? 제가 저 노래 작곡자입니다."

약장수

어느 나라가 공산화되어 지식인들을 처형하고 있었다. 종교인, 학자, 군인, 경찰, 공무원 등이 일 순위였다. 신분을 심사하는 긴 줄에 목사도 섞여 있었다. 목사는 처형

대상자인지라 불안하여 하나님께 기도했다.

"하나님, 제 직업을 물어보면 뭐라고 할까요?"

하나님이 응답했다.

"약장수라고 하여라!"

목사가 차례가 되어 앞에 서자 공산당원이 물었다.

"당신은 직업이 뭐요?"

"네, 저는 약장수입니다."

"무슨 약을 팔았나?"

"신약과 구약'을 팔았습니다!"

바본 줄 알았니?

'병태'와 '석기'는 같은 병실에 침대를 나란히 하고 입원해 있었다. 둘이 다 '좌골신경통'을 앓고 있어서 맛사지 물리치료를 받고 있었다.

맛사지 치료시에 병태는 당장 숨넘어가는 소리를 지르며 아파하는데, 석기는 태연자약 미소조차 짓고 있다.

물리치료사가 돌아가자 병태가 석기에게 물었다.

"나는 맛사지가 미칠 듯이 아픈데 너는 어째 그처럼 태연할 수 있니?"

석기가 빙글거리며 대답했다.

"넌 내가 아픈 쪽의 다리를 치료사 그놈에게 내맡길 만큼 바본 줄 알았니?"

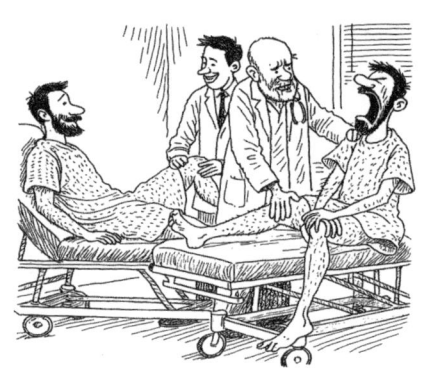

신체검사

여객기 스튜어디스가 되려면 육체적으로 건강해야 하므로 최종 신체검사는 철저했다. 아름다운 외모를 가진 한 스튜어디스 지망생은 1, 2차 관문을 통과하고 최종 건강검진을 위해 의사의 진찰을 받는 중이다.

의사 : 심장은 이상 없고 폐도 이상 없고, 그럼 이번엔 여자들이 늘상 '화를 자초하게 하는 '거기'는 이상이 없는지 어디 한 번 좀 볼까요?

그러자 스튜어디스 지망생 아가씨는 팬티를 벗으려고 하자 의사가 약간 당황하며 다그쳤다.
의사 : 아가씨, 입을 벌리고 '혀'를 내밀어 보세요. 여자는 혀를 조심해야 '화'를 초래하지 않거든요!

벨 눌러!

택시 기사와 버스 기사가 차선 문제를 놓고 싸움이 붙었다. 버스가 정류장에 서자 옆에 따라붙어 시비를 걸던 택시 기사가 차를 세워놓고 버스에 올라와 험한 말을 마구 쏟아냈다. 버스 기사는 화가 나서 택시 기사를 버스에 태운 채 출발했다.
그러자 택시 기사가 당황하여 소리를 질렀다.
"여어, 당장 버스 세우지 못하겠어! 이 XX야 정말 안 세울 거야!"
"야, 이 XX야. 내리고 싶으면 너도 벨 눌러!"
그 순간 버스 안 승객들은 웃으며 뒤집어졌다.

진짜 나이

아내를 데리고 아프리카로 탐험 여행을 갔던 부부가 식

인종 토인의 손에 잡혀 죽을 상황에 처하게 되었다.
그러나 추장은 다행히 식도락가여서 추장은 이렇게 선언했다.

"마흔 살 넘은 늙은 고기는 절대 나는 먹지 않는다!"

"바로 그때였다네."

남편은 옛일을 회상하며 다음과 같이 말했다.

"난 아내가 처음으로 대중 앞에서 자신의 진짜 나이를 실토하는 현장을 목격했다네."

선교사와 식인종

어느 재치 있는 선교사가 식인종 무리에 붙잡혔다.

나를 잡아먹을 테면 먹게나. 하지만 나는 별로 맛이 없을 걸세. 어디 내 살 한 점 떼어 줄 테니 추장이 먼저 맛보시지요.

그는 주머니칼을 꺼내어 장딴지에서 한 점 베어내더니 추장에게 주었다. 추장이 그걸 씹어 보자마자 퉤퉤! 뱉어버렸다.

이리하여 그 선교사는 50년이나 무사히 그곳에 머물러 활동을 할 수 있었다. 사실 그의 다리는 의족이었다.

극형

"피고인에게 극형을 언도한다."

재판관이 피고인에게 선고했다.

"깨끗하고 안전한 형무소 생활을 중지시키고, 소음과 매연 유독가스 데모와 스트라이크 세금과 생활고 전쟁과 기아와 전쟁에 시달리고 핵폭탄의 공포에 불안한 사회에서 살게 하려 한다. 이상, 땅! 땅! 땅!"

썩지 않는 선물

여고 때부터 잘아는 영자와 숙자가 만났다. 영자가 숙자에게 손가락을 들이밀며 자랑을 한다.
"글쎄, 남편에게 오래 동안 썩지 않고 간직할 수 있는 걸 선물로 받고 싶다고 했더니, 1캐럿짜리 다이아반지를 주지 뭐니!"
숙자는 눈부시게 반짝이는 다이아 반지를 보면서 부러운 듯 말했다.
"어머? 애, 넌 너무 좋겠다. 나도 그 방법을 써 봐야지!"
며칠 후 영자는 숙자네 집을 방문할 기회가 있었다.
"애, 어떻게 됐어? 썩지 않고 오래 간직할 수 있는 것 받았니?"
그러자 잠깐 뜸을 들이던 숙자가 하는 말.
"으응, 선물이라고 해서 받긴 받았는데…… 방부제 1통!"

기대

어느 외국의 시시한 삼류영화를 한 달 동안이나 계속해서 보러 다니는 옆집 아저씨 얘깁니다.
그 영화에 아주 매력적인 아가씨가 나오는데 철로 건너편에서 쉐타와 브라우스 속치마 등 옷을 벗고 있습니다.
드디어 얇은 내의를 벗어 던져 터질 듯한 탐스런 유방이 보이려는 찰나 열차가 지나가서 결정적인 순간을 못 보게 되는 거예요.

그래서요?

그 때문에 옆집 아저씨는, '언젠가는 그 열차가 단 몇 초라도 늦을지도 모른다.'는 생각에서 오늘도 그 영화를 또 보러 갔습니다.

다이어트

사내 : 두 달 전 우리 마누라는 다이어트한다고 실내 운동기구인 묘한 고무 롤러를 사왔네. 둥근 거기에 몸을 얹어 허리와 히프를 상하로 오르내리면 몸이 날씬해진다고 엄청 열심히 하더라구.

친구 : 그래 지금도 계속하고 계신가?

사내 : 허 참, 작년 연말에 다용도실에 말없이 롤러를 처박아 놓더니, 새해가 됐다고 어제부터 마누라는 그 운동기구를 다시 꺼내 응접실 바닥에 깔아놓고 다이어트를 끝장내겠다고 한다네.

친구 : 그래? 결과는 성공적이던가? 부인의 살이 많이 빠졌냐구?

사내 : 자세히 보니 마누라 몸집은 그대로인데, 롤러만 홀쭉해졌어. 롤러는 다이어트에 완전 성공한 것 같아!

환자의 증상

비뇨기과에 환자가 찾아왔다.
"어디가 안 좋아서 왔나요?"
"의사 선생님, 제 것 보시고 절대 웃으시면 안 됩니다."
환자가 이렇게 말하면서 바지 앞 단추를 풀어 보였다. 그런데 그 사내 고추 크기가 새끼손가락만한지라 의사는 웃음을 참으려고 안간힘을 썼다.
그때 환자가 심각한 표정으로 이렇게 증상을 얘기했다.
"많이 부었어요!"

예의와 기지

"자네 '예의'라는 것과 '기지'라는 것이 어떻게 다른지 아나?"
어느 부잣집 욕실을 수리하며 일꾼 두 사람이 얘기하고 있다.
"암, 알고 있지! 가령 자네가 이 욕실의 문을 열었을 때 공교롭게도 주인 아주머니께서 목욕 중이었다고 하세. 그 때 "대단히 실례했습니다, 부인!" 하고 얼른 조용히 문을 닫는다면 '예의'요, 그 때 만일 "어이쿠. 실례했습니다, 주인님" 하고 쾅, 문을 닫는다면 그게 곧 '기지'라는 거야!"

달걀 값

은퇴해서 교외에 사는 달수씨는 집에서 약 5km 떨어진 시골 농부인 철구에게서 달걀을 샀다.

대개 철구가 달걀을 배달해 주었지만, 가끔씩 달수씨가 농장에 들러서 달걀을 사기도 했다. 어떤 이유에선지 농장에 와서 살 때는 5km를 달려와 배달해 줄 때보다 달걀 값이 더 비쌌다.

어느 날 달수씨는 농부인 철구에게 어떻게 달걀 값을 정하는지 물었다.

손님이 내 농장에 올 때는 손님이 달걀이 필요한 거고, 내가 손님 집에 팔러 갈 때는 내가 돈이 필요해서 가는 거 아니겠어요? 그게 다예요.

히트상품 이유

전쟁 때 낙하산을 만들어 군에 납품하던 제조공장이 있었다. 전쟁이 끝나자 창고에 쌓여 남아도는 낙하산 재고품으로 여성용 속옷과 팬티를 대량 생산 히트를 쳤다. 옷 가게에 낙하산으로 만든 팬티와 속옷이 들어오기가 무섭게 남자들의 구매 열기로 팔려 나갔다. 대박을 쳤. 이유는 지난 날 공군의 규칙에 의해서 낙하산에 써넣었던 주의사항인 "드러눕거든 곧 누구에게 벗겨달라고 할 것!"이 팬티나 속옷에 남아 있었기 때문이었다.

분실 신고

어느 사내가 신용카드를 도둑 맞았는데, 은행에 신고를 하지 않았다.
그 이유는,
도둑이 자기 아내보다 적게 사용하고 있기 때문이었다.

등잔 밑에 신경 써야

- 자네, '세계적 억만장자'가 누군지 아는가?
= 몰라!
- 'AI의 황제'는?
= 몰라!
- '세계적 증권 전문가는?

= 몰라!

- 정말 모른다는거야? 말도 안 돼. 너도 제발 집구석에만 처박혀 있지 말고 세계 경제 뉴스에 조금만 신경 썼더라면 척척 대답할 수 있을 텐데 말이야. 이 불쌍한 친구야!

= 좋아. 그럴 수도 있겠지. 그런데 나도 자네한테 한 가지 물어보자. 자네 'Joe'라는 사내가 누군지 알아?

- 그 따위 개뼈다귀 같은 이름은 알아서 뭘 해. 관심 없어!

= 그러면 그렇지. 너도 제발 세계 경제 뉴스에만 정신 팔려 돌아다니지 말고, 가끔 집구석에 조금만 신경 썼더라면…… 자네 마누라가 대낮에 어떤 사내놈을 방구석으로 끌어들이는지는 척척 대답할 수 있을 텐데 말이야. 이 불쌍한 친구야!

비서의 능력

대기업 총수는 여비서 최종 심사에 올라온 3명의 후보 중 1명을 선택하기 위한 인터뷰를 하고 있었다.

후보1 : 저는 5개국 언어에 능통하고 1급 워드 실력과 AI 기능도 다룰 수 있습니다.

후보2 : 저는 3개국 언어에 자신 있고, 2급 워드 실력과

AI에 약간 관심을 갖고 있습니다.

후보3 : 저는 잘하는 제2 외국어도 별로 없고, 워드 실력은 3급이지만, 제일 자신 있는 게 한 가지 있습니다.

총수 : 오~ 그게 뭐지?

후보3 : 저는 복도 30m거리 밖에서 들리는 여자 구두소리만 듣고 '사모님'인지 아닌지 100% 맞춥니다.

대기업 총수는 두 말할 것도 없이 '후보3'을 비서로 최종 선택했다.

비평가와 관객 반응

막이 내리자 우레와 같은 박수가 극장 안에 퍼졌다. 극

작가는 신명이 나서 로비에 있는 연극 비평가들에게 인사를 나갔다. 하지만 기대와는 다르게 비평가들은 입을 모아 혹평이다.

"이렇게 돼먹지 않은 뒤죽박죽 연극은 처음이오, 처음!"

"아니 그렇지만……. 야유 한마디 날라오지 않았잖습니까?"

"아니, 하품을 한다든지 졸면서 무슨 수로 야유를 한단 말이오?"

"그렇지만 말입니다. 막을 내렸을 때, 그 우레와 같은 박수를 못 들으셨나요?"

"당신은 그래, 자유를 찾은 사람들의 환호의 순간을 이해 못 하겠단 말이오?"

질투

두 여자는 열차를 타고 마주앉아 얘기를 나누고 있다.

- 내 약혼자는 지금 세계일주 여행 중인데 말야, 어딜 가서나 이렇게 말한다지, 뭐야. 글쎄…

"나는 고국에 돌아가면 세계에서 제일가는 미녀와 결혼할 거야." 라고 말야.

= 어머, 기가 막혀! 너하고 약혼까지 해놓고서도 그딴 소

릴 하다니? 남자들이란 그저!

무제

"내 아내는 천사야~"
"좋겠다. 내 마누라는 아직 살아 있어!"

모자와 청구서

아내에게 배달된 모자를 보고, 어울리지 않는다고, 평가하며 남편은 계속 하하거린다.
"뭐, 그게 맘에 든다구? 하, 하, 하……. 그런 모잘 어디에 쓰고 다니누. 하, 하, 하……."
그러자, 부인은 남편을 노려보며,
"내일쯤 당신 앞으로 모자 청구서가 올 테니, 어디 얼마나 더 웃나 봅시다."

높이와 길이

철구가 군대를 갔다. 어느 날 갑자기 중대장이 국기게양대의 '높이'를 재오라고 명령을 했다. 철구는 황당했지만, 하라면 하는 데가 군대인지라 줄자를 가지고 게양대에 올라가려 발버둥을 쳤다.
한동안 그러고 있자, 지나가던 고참 병장이 그걸 알고는 방법을 일러주었다.
"이 멍청한 쫄병아! 여기 게양대 밑에 너트를 풀어서 국기 게양대를 눕혀놓고 재면 되잖아. 으이구, 이 밥통아!"
그러자 철구가 힘주어 말했다.
"중대장님이 원하시는 건 '높이'지 '길이'가 아니란 말입니다!"

밤 외출

철구는 결혼한 지 10년이 지났다. 은근히 권태기를 느끼기 시작할 즈음, 하루는 아내가 은근한 목소리로 제의했다.
"여보, 매일 밤마다 집에만 있지 말고 오늘 밤은 외출해서 놀다 오면 어떨까요? 새로운 기분이 될 거예요. 오늘 밤 한 번 멋지게 놀아 봅시다!"
그러자 재빨리 일어나 옷을 챙겨 입으면서 철구가 하는 말!
"좋았어! 만일 당신이 먼저 돌아오게 된다면 현관의 전등은 켜 놔야 돼!"

아기가 잠든 뒤

젊은 남편이 한밤중에 옆에서 자고 있는 아내를 조용히 부르며 숨죽이며 소곤댄다.

"여보, 여보, 잠들었소? 눈 좀 떠봐요."

그 소리에 잠이 깬 아내는 긴장하면서, 역시 숨 죽이고 묻는다.

"왜 그래요? 도둑이라도 들었어요?"

"쉿! 아이가 방금 잠이 든 것 같아!"

착각

- 미스김, 나하고 결혼해 줘, 응?

= 어머, 지난 주에도 당신과는 결혼할 수 없다고 분명히 얘기했잖아요!

- 아, 참! 그게 당신이었던가?!

나이

철구는 자기가 남들보다 젊어 보인다는 것에 대해 상당한 자부심을 가지고 있었다. 그는 어느 날, 빵을 사다가 빵집 주인에게 물었다.

철구 : 여보슈 주인 양반, 내가 몇 살로 보여요?

주인 : 한 서른 넷?

철구 : 하하하, 그래요? 실제로 나는 마흔 넷입니다.

그날 점심, 철구는 맥도날드에서 햄버거를 사다가 점원에게 물었다.

철구 : 이봐, 내가 몇 살로 보이지?

점원 : 글쎄요, 한 스물 아홉?

철구 : 후후후 난 마흔 넷이야!

재미를 느낀 철구는 맥도날드에서 나와 버스를 기다리다가, 옆에서 버스를 기다리고 있던 할머니에게 물었다.

철구 : 할머니, 제가 몇 살로 보이세요?

할머니 : 글쎄, 내가 워낙 늙어서 눈이 침침하거든. 하지만 내 손을 당신 팬티 속에 10초 동안만 집어넣어 보면 알 수 있지.

철구는 조금 생각한 후 허락했다.

10초 후,

철구 : 몇 살 같아요?

할머니 : 음, 마흔 넷이구만!

철구 : 아니, 어떻게 그렇게 정확히 알 수 있죠? 잠깐 만져 보구서 말입니다.

그러자 할머니가 말했다.

할머니 : 응, 내가 아까 전에 맥도날드에서 당신 뒤에 있었걸랑.

시력

동물서커스 흥행사 두 명이 소도시 기차역 광장에 텐트를 치고 공연하는 서커스단 무대 뒤에서 만났다. 그 흥행사들은 아주 나이가 많았다.

"요전에 내가 당신을 만났을 땐, 당신은 '벼룩서커스'를 했지요? 그런데 지금은 코끼리를 길들이고 있군요."
"그렇소, 나이가 많아지니 시력이 나날이 나빠져서 작은 동물은 잘 안보입니다. 그게 '코끼리'로 바꾼 이윱니다."

기차표

시골동네에서 일어난 얘기다. 온 동네에서 싫어하는 철구가 여비만 있으면 서울에 가서 일하겠다고 하기에, 모두 몹시 기뻐하였다. 병태가 한 꾀를 내어, 여럿이 차비를 마련한 다음 기차역의 차표 파는 사람과 미리 약속을 해놓았다.

철구를 만나 "서울 가는 표를 공짜로 사는 법이 있네. 매표구에 가서 '서울행 기차표 한 장, 도레미파파!' 라고 외치게." 하고 가르쳐주었다.

철구가 짐을 꾸려 가지고 시키는 대로 매표구에 가서 "도레미파파!" 하니까, 미리 약속해 놓은 대로 기차표가 나왔다.

서울에 올라오긴 했지만, 철구는 마땅한 일자리도 없이 물가만 비싸고, 금방 싫증이 나서 시골로 다시 내려가려고 마음먹었다.

그래서 이번엔 서울역 매표구에 가서 서슴치 않고 "도레미파파!"를 외쳤지만, 통할 리가 없었다. 할 수 없이 있는 돈 없는 돈 다 긁어서 표를 사 가지고 마을에 돌아왔으나 내심 자존심이 상해 맘이 편치 않았다.

철구는 병태를 만나서 이번 일을 항의하자, 병태는 천연덕스러운 표정으로

"서울역에서 고향으로 돌아올 때에는 '파파미레도!' 라고 거꾸로 외쳤어야지. 이 바보야!"

벼룩의 꿈

생활이 불안정한 젊은 벼룩 부부가 장래의 꿈을 얘기한다. 아내 벼룩이 말한다.

"여보, 우리도 장차 부자가 되거든 털이 북실북실한 개를 한 마리 삽시다. 어때요?"

거슬리는 노래

오페라가 진행 중인데, 어떤 손님 한 명이 무대에서 배우가 부르고 있는 노래를 끈덕지게 따라 부르므로, 옆에 있던 사나이가 견디다 못해서 마침내 일어나 입에 오른

손 검지를 펴서 입에 대며 신호를 보냈다.

"조용히 하시오!"

그러자 그 손님, 사내를 노려보며 따진다.

"지금 그 말 날 보고 했소!?"

자세히 보니 그는 덩치도 엄청 크고 인상도 험악했다.

"천만에! 저 무대 위 가수한테 그랬죠. 저놈의 목소리가 거슬려서 당신 노래 소리가 들려야죠."

그 사나이는 풀 죽어 대답했다.

우는 이유

어느 학교의 한 여선생님이 몹시 얼굴이 못생겼었다.

그녀는 거울을 들여다보자 자신도 모르게 눈물이 줄줄 흐른다.

"아이구 쌍통두… 어쩌면 이다지도 못생겼을까?"

그때 한 여학생이 그 모습을 보더니 따라서 울음을 터뜨렸다.

선생님은 놀라서, "어머, 경숙아, 넌 왜 우니?"

"글쎄, 선생님은 자신의 얼굴이 잠깐 거울에 비친 모습을 보고서도 그렇게 울 지경인데 저는 날마다 첫 시간부터 종강 때까지 선생님 얼굴을 보고 있어야하니까요 ㅠㅠ."

내 몫

목사님이 병구를 길에서 붙잡고서 말했다.
"병구, 그처럼 일렀는데도 또 술집에서 나오는군. 어떻게 해야 버릇을 고치겠나?"
"목사님, 저는 취하지 않았어요. 친구들과 맥주를 한 모금했을 뿐인걸요. 그저 그것뿐에요."
"그래? 그럼 자네 그 손에 든 그 큰 술병은 뭔가?"
"네, 아니…… 저…… 이건 위스키가 들어 있는데, 절반은 철구 녀석 것이어서…."
"좋아, 그럼 자네 몫을 지금 여기서 이 거리에 쏟아버리게. 어서 반만 쏟아 버리게."
"그런데 그렇게는 안 되겠는데요. 목사님! 제 몫은 밑에 있으니까요…."

선불

팽돌이와 팽숙이는 한 마을에 살았다. 둘은 좋아하는 사이였지만 팽숙의 집안에서 반대가 너무 거셌다. 그래서 둘은 참다 못해 야반도주를 결심하고 한밤중에 콜택시를 불러 짐을 싸가지고 동네를 떠났다.

목적지에 다다른 팽숙이가 운전기사에게 장거리 요금을 건네려 카드를 내보이자 택시기사는 씨-익 웃으며 "이미 당신 아버지께서 지불하셨소!"

어려운 문제

병태의 아들이 학교에서 돌아오더니, 울면서 아빠에게 호소했다.
"아빠, 나 인제 학교 가기 싫어. 선생님은 내가 미워서 언제나 젤 어려운 문제만 내주잖아. 그러니까 난 늘 점수가 나쁘고 동그라미는 한번도 못 받는다니까."
이튿날 병태는 아들을 데리고 교무실에 가서, 선생님에게 따졌다.
"여보시오 선생, 내 아들을 왜 미워하는거요. 언제나 어려운 문제만 내서 못살게 구는 모양인데, 그 까닭을 들읍시다."
선생님은 빙그레 웃었다.
"댁의 아들은 게으르고, 아무것도 듣지 않고, 아무것도 하지 않습니다. 그러니까 아무것도 모릅니다. 아버님 그 증거를 보여 드릴까요? 얘야, 〈하나 더하기 하나〉는 얼마지?"

그러자 아들은 아빠에게 매달리면서 말했다.

"봐요, 아빠. 내가 말했잖아. 선생님은 언제나 이렇게 어려운 문제만 내게 낸다구!"

보험금

대형 유명 보험회사 빌딩에서 두 사람의 보험판매원이 서로 자기네 회사가 얼마나 빨리 보험금을 지불하는가에 대해서 자랑을 하고 있었다.

"최근에도 우리 회사의 계약자가 한 명 죽었지만, 두 시간 뒤에는 미망인이 벌써 보험금을 받고 있었으니까."

"흥, 우리 회사에서는 더 빨라. 며칠 전 우리 회사의 계약자로서, 마침 이 빌딩의 옥상에서 발을 헛딛어 추락하고 있었지. 그런데 10층에 위치한 우리 보험회사 창 밖을 지나갈 때에 11층 회계과에서 현금으로 사망보험금을 지불해 줬다고!"

고슴도치 알

가을 방학을 맞아 모처럼 어머니를 따라 난생처음으로 시골 할머니 집에 놀러온 상택이가, 뒷동산 밤나무 밭에서 '밤송이'를 보더니 소리를 지른다.

"엄마, 빨리 와 봐! 여기 '고슴도치의 알'이 있어!"

머리가 빠지는 이유

이발관에서의 대화 한 토막.

"손님, 전반적으로 머리털이 상당히 빠지는데요, 그런데 어떤 부분은 뭔가 외부의 물리적인 요인으로 빠진 듯 보입니다. 무슨 대책이라도 세우고 계십니까?"

"물론입니다. 지금 이혼 수속 중이죠."

세월의 착각

턱수염과 머리가 허연 노신사가 손녀를 데리고 거리를 걷고 있었다.

"아, 그리운 거리다. 학교 다닐 적엔 날마다 다니던 길이구나."

신사는 옛날이 회상되어 손녀에게 중얼거리다가 오른쪽 길을 따라 걸어오는 낯익은 할머니를 보자, 걸음을 멈추었다.

"아, 여보시오, 당신은 오십 년쯤 전에 나와 중학 동급생이던 '숙자'씨가 아니신지요?"

그 물음에 할머니는 노신사를 찬찬히 보고 있더니, 고개를 가로저으며 "난 '숙자'가 맞지만, 그 당시 우리 반에는 당신같이 흰 머리가 난 남학생은 없었어요."

말 배우기

철구 : 자네네 얘기는 벌써 말을 배웠나?

병태 : 말이 다 뭐야, 요샌 입 다무는 걸 가르치느라고 온 식구가 모여서 땀을 뺀다네!

우리 부대가 최고

두 군인이 서로 자기 부대의 자랑을 시작했다.
- 우리 부대는 어찌나 훈련이 잘 돼 있는지, 차려 총을 할 때에는 〈철컥 철컥 척!〉 소리밖엔 안 나.
= 그래? 우리 부대선 그럴 때면, 〈철컥 철컥 짤랑!〉 소리만 나지.
- '짤랑!'이라니?
= 모두들 훈장을 찼거든.

파티와 파트너

어느 축하파티에서
잘난 체를 하는 한 여자가
자기 파트너인 청년에게 말했다.
"잠시 살짝 한 번만 뒤돌아보세요. 당신 뒤쪽에서 어떤 파트너와 와인잔을 들고 있는 사내의 얼굴을. 털북숭이 머리에 멍청한 구레나룻······. 마치 원숭이의 사촌 같잖아요. 대체 어디 사는 누굴까요?"

"제 아우입니다."

"어머, 실례했어요! 그러고 보니 당신과 사뭇 닮았는데, 그것도 못 알아보고……. 용서하세요."

마누라의 패션감각

- 당신말야, 왜 하필이면 같은 양장점에 네 번씩이나 도둑질 들어갈게 뭐냐?
= 예, 미안합니다. 사실은 마누라의 옷을 훔쳤는데 마음에 안 든다고 계속 바꿔 오라잖아요.

기억력

- 남의 얼굴을 잘 기억하나?
= 음, '얼굴'만은 한 번 보면, 절대로 안 잊어버릴 자신이 있지.
- 그럼 잘됐어, 실은 사고로 자네 면도용 거울이 깨져 버렸어.

쉬는 방법

결혼한 지 얼마 안 되는 신혼부부의 일요일 아침, 신랑이 일어나려고 하자 신부가 눈을 게슴츠레 뜨면서
"아직 이르잖아요오~! 좀더 누워서 쉬세요~."
"안돼, 안돼!"
신랑은 피곤한 몸을 겨우 움직이며 말했다.
"쉬려니까 지금 일어나야지."

부족한 재능

파티에서 손님 중의 한 사람이 피아노를 쳐서 모인 하객들에게 들려주었다. 연주가 끝나고 그는 뽐내듯이 말하

였다.

"저는 이래 봬도 지금까지 아무 선생님에게서도 개인 레슨을 받은 적이 없습니다."

그러자 옆에 있던 사내가 곧 바로 대꾸했다.

"훌륭한 마음씨군요. 사실 자신의 부족한 재능을 남에게 미루고 변명하는 건 보기 좋은 일이 아니거든요."

쌍둥이의 축복

석구와 영애는 연애 결혼했지만, 아이를 한 명 낳은 뒤엔 어쩐지 잘 맞지 않아서 마침내 이혼하기로 하였다. 그런데 둘이 다 서로 아이를 차지하겠다고 버티어서 아무리 해도 타협이 되지 않았다.

드디어 성당 신부님에게 의논하러 갔다. 신부님은 두 사람의 이야기를 듣고서, 아이디어를 내놓았다.

"좋은 생각이 떠올랐습니다. 두 분이 다 서로 아기를 원하신다면, 당분간은 이혼을 미루고 하느님께서 두 번째 아기를 베풀어 주시기까지 기다리시는 것이 좋겠습니다."

부부는 신부님의 충고에 따르기로 하고 돌아갔다. 그로부터 1년쯤 지나서, 신부님은 길에서 석구를 만났다.

"오, 오래간만이요. 그간 하느님의 은혜로 아기를 갖게 되었는지요?"

석구는 계면적은 듯 머리를 긁으면서 말했다.

"신부님, 그게 암만해도 잘 안 되는군요. 지난 달 아이를 낳았습니다만 얄궂게도 쌍둥이여서 또 짝이 안 맞습니다. 그래서 아이들 짝이 맞을 때까지 이혼을 연기하기로 했습니다."

신혼교육

회사 내에서 옷매무시가 단정치 못하기로 유명한 병태가 희한하게도 오늘은 떨어진 단추도 제대로 달아 입고, 터진 바지도 꿰매 입고 왔다.

재빨리 이것을 알아본 동료 영식이가 말했다.

"병태 씨, 자네 마침내 결혼했네그려!"

"어떻게 결혼했다는 걸 알았나?"

"어떻게라니! 옷 터진 데도 단추도 다 제대로 손질돼 있으니까 말이지!"

"하긴 그렇군. 사실은 그게 말이야,"

병태는 실토를 하고 말았다.

"어쨌든 결혼하자마자, 여편네가 맨 먼저 내게 가르친 일이란 게 바늘에 실 꿰는 법, 이어서 바느질이었다네!"

세무서 입장

어떤 모임에서, '눈감으면 코 베어가는 세상에 남의 말은 절반만 믿으면 실수가 없다.'는 결론이 나왔을 때,

"나는 그렇게 생각하지 않습니다, 나는 매일 우리 회사에서 회의를 하는데 우리 국장님은 반대로 남의 이야기는 매사 두 배로 해서 받아들이라고 교육받고 있습니다."

라고 주장하는 사람이 있어서 모두들 '이상한 사람도 있구나.' 하고 생각하고 있었는데,

알고보니 그 사람은 '국세청 세무과장'이었다고.

이에는 이

경호는 옆집 사람에게 책을 빌려 달라고 했다. 그러자 그 사람은 상냥하게 말했다.

"빌려드리고말고요! 하지만 댁으로 가지고 가진 마십시오."

얼마 후에 그 사람이 경호에게 지붕에 올라 갈 긴 사다리를 빌리러 왔다. 물론 경호는 쾌히 승낙했다.

"빌려드리고말고요! 하지만 댁으로 가지고 가진 마십시오."

자아도취

눈이 부실 만한 미인을 보면 당신은 어떻게 하시겠어요?
여 : 잠시 황홀하게 보다가 팔이 아파지면 거울을 내려놓지요.

도둑 키스

도둑질 사건으로 무기징역 받는 TV뉴스를 보던 남편이
"인간은 도둑질을 하면 평생 후회하며 살지."

옆에 있던 아내가 묻는다.

"당신, 결혼하기 전 공원 벤치에서 내 입술 훔친 도둑 키스 사건 기억하고 있겠죠?"

"여보, 나도 그 도둑질 땜에 평생 후회하며 살고 있지 않소."

최악의 순간

병태가 몹시 우울한 얼굴로 길을 걷고 있으려니까 도중에서 만난 친구가 어깨를 치면서,

"어이, 웬일야 병태 아냐? 초상이라도 치르는 것 같은 얼굴을 하고 있으니?"

"실은, 어이없는 일을 저질러 버렸어. 약 1시간 전의 일이야. 하마터면 종구에게 맞아 죽을 뻔했어."

"종구? 니 친구 말이지?"

"응, 글쎄 단추 한 개 때문이야."

"단추 한 개라니, 무슨 소린지 모르겠네."

"자, 들어보라구. 잠시 볼일이 있어서 그놈을 만나러 갔더니, 집에 부인만 있잖았겠나. 곧 돌아올 터이니 기다리라고 하기에, 나도 그럴 생각으로 부인과 이야기하고 있었는데, 공교롭게도 내 바지 앞 단추가 한 개 달랑 떨어

지데그려. 그것을 보고 그 부인이 볼썽사나우니까 곧 달아 주겠다는 거야. 이내 달았지. 그런데 운수가 나쁘면 자빠져도 코가 깨진다고, 부인이 내 바지 앞 단추를 다 달고 그 실 끝을 이로 끊고 있는 바로 그 순간 종구가 돌아오잖았겠어, 아~ 나 정말 죽을 뻔했어!"

덜 익은 것

어느 정신병원 마당에서 환자 두 명이 나무에 앉아 있는 빨강과 파랑 두 마리의 앵무새를 발견하였다. "올라가서 붙잡자." 하며 한 명이 얼른 나무에 올라가 빨간 쪽만 붙잡아 내려온다.

"여봐, 왜 파란 건 안 잡니?"

"아, 그건 아직 덜 익었어!"

괘종시계 사용법

같이 지각이 잦은 박종국 대리는 어쩐지 오늘은 제시간에 회사에 출근했다. 건너편 자리에 근무하는 김 대리가 물었다.

"박대리, 오늘 어쩐 일로 지각을 안 했지?"

"어제 괘종시계를 샀거든."

"괘종시계가 요란하게 울리는 바람에 눈을 떴군."

"아냐, 마누라가 괘종시계로 내 머리통을 갈겼어!"

무법의 환자

지금 복도를 휘젓는 노란머리 염색을 한 저 여자,

"거 참 무시무시하게 생겼군요."

정신병원 견학 온 신사가 원장에게 말했다.

"위험하지 않은가요?"

"때로는 위험하기도 하지요."

"그럼 왜 병실에 가두지 않나요?"

"부득이합니다."

"그렇지만 그 여자는 여기 환자도 아니고, 원장님의 감독 하에 있는 것도 아닌가요?"

"예, 환자도 아니고 내 감독 하에 들지도 않습니다."

"그럼 그 여자는 대체 뭔가요?"

"내 아냅니다."

이미 함께 잔 사이

부부는 특별히 신앙심이 깊은 바도 아니었지만, 일요일마다 교회에는 빠지지 않고 참석하고 있었다. 현구 부부는 교회의 맨 앞좌석을 선호하였고, 거기는 서른 살 먹은 노처녀 영애의 옆자리이기도 하였다.

그리하여 현구 부부와 영애 양은 어느 사이엔가 서로 이야기를 주고 받는 사이가 되어 있었다. 그런데 현구의 아내는 대단치 않은 병으로 앓다가 어이없이 죽어버렸다.

현구 씨는 그 후에도 혼자서 여전히 일요일 예배에는 빠지지 않고 참석했다. 아내를 잃은 중년 홀아비와, 혼기를 놓친 노처녀가 일요일마다 나란히 놓인 좌석에서 얼굴을 마주치면 어떻게 되는지, 여기 새삼스러운 설명이 필요없으리라.

마침내 뜻을 세운 두 사람은 어느 날 목사님에게 의논을 하였다. 이야기를 끝까지 들은 목사님은 온화한 얼굴에 웃음 지으며 말했다.

목사 : 좋습니다. 두 분은 마땅히 결혼하여야 할 사이입니다. 제 설교시간 예를 들어 뭣하긴 하지만, 어쨌든 같은 장소에서 몇 번이나 함께 잔 남녀 사이이니까요.

의사의 지혜

한 사나이가 등을 새우처럼 꼬부리고 새파래져서 병원으로 들어왔다.

"의사 선생님, 조금 전에 옷을 입으니까, 갑자기 몸뚱이가 꼬부라지면서 암만해도 펴지질 않습니다."

의사는 첫눈에 그 까닭을 알아내었으나, 시치미 떼고

"허에! 그거 큰일인데요. 모든 전후 사정을 말씀하십시오."

"말씀드리기는 좀 부끄럽습니다만, 저와 좋아 지내는 여자가 있어서 조금 전에 어느 호텔에서 만났습니다. 그런데 그 일을 치르고 나서 옷을 입었는데, 글쎄, 이런 꼴이 되었습니다."

"그렇지만 그와 같은 사정이라면 유감이지만 현대의학으로선 도저히 어떻게 할 수 없습니다."

"그런 나는 지금부터 그냥 이대로 몸뚱이가 꼬부라져 살아야 됩니까?"

"대단히 유감이지만 그럴 수밖에요."

"의사 선생님, 제발 살려주십시오."

"부인이랑 아기도 있으시겠죠?"

"네, 아내와 자식 두 명이 있습니다."

"그러면서도 몰래 애인을 만들어 대낮에 호텔로 가니까 가족들의 원한을 입어서입니다. 하지만 앞으로 당신이 그 애인과 손을 끊으면 한가지 방법은 있습니다."

"물론이죠. 곧 손을 끊겠습니다."

"좋습니다. 당신이 그토록 후회하시니, 이번만은 고쳐 드리죠. 이번이 마지막입니다!"
"고맙습니다. 이 은혜를 어찌 갚아야 할지 모르겠습니다."
의사는 일어나 환자에게로 다가가더니 슬쩍 팔을 뻗쳐 환자의 조끼 단추구멍에 펜 바지 단추를 끌러 주었다.

일거양득

농부가 아내와 같이 장에 갔다가 밭일 할 때 쓸 모자를 사려고 대팻밥 모자를 골라잡았다. 마누라는 못마땅한

듯이 말리며

"여보, 나중 생각을 해서라도 밀짚 모자를 사시우."

"아니, 난 이 대팻밥 모자가 가벼워서 좋은 것 같은데."

"밀짚 모자는 해진후에도 썰어서 소를 먹일 수 있잖우."

나홀로 방문해야

아기 낳기를 원하면서도 좀처럼 낳지 못하는 두 부인이 베이커리 카페에서 만났다.

"난 아직도 애기 소식이 없는데, 당신은 좋겠어요. 있으시다죠."

"네, 어떻게 겨우."

"뭐 특별한 치료자도 받으셨나요?"

이 말에 부인은 약간 우쭐해져서 대답하였다.

"산부인과 의사 같은 건 아무 소용도 없어요. 난 영험한 능력을 갖고 있는 주술사에게 갔던 거예요. 글쎄, 금방이지 뭡니까."

"어머 그러세요? 하지만 이상하군요. 나도 남편과 함께 그 주술사에게 갔었는데?"

"어머, 당신 바보군요. 혼자 갔었어야죠!"

복화술사

유명한 복화술사가 어느 날 아침 생선가게 앞을 지나가다가 생선을 한 마리 사려고 고등어를 집어들었다.
"이 고등어는 물이 좋습니까?"
손님의 목소리에 안에서 생선을 정리하던 주인의 딸이 앞으로 나서며 이렇게 말했다.
"여부가 있겠습니까. 손님, 아까까지도 바다에서 헤엄치던 놈인걸요."
그때 어디선지 중년 남자 목소리가 들려왔다.
"거짓말이랍니다. 손님."
생선장수는 약이 올랐다. 그러나 주위에 아무도 없다. 그때 그 남자 목소리가 또 들린다.
"아까까지 바다에서 헤엄을 쳤다고? 멀쩡한 거짓말! 난 벌써 일주일째 여기 누워있는걸."
생선장수의 딸은 주먹을 쥐며 사방을 들러보았으나 아무도 없었다. 복화술사는 생선을 좌판에 다시 내려놓았다.

나를 하느님으로 생각

부잣집 처녀가 아직 직업을 못 구한 애인을 부모님께 인사 시키기 위해 집으로 데려왔다. 처녀의 아버지가 청년에게 이것저것 물었다.

"장래 계획은 뭔가?"

"네, 저는 성서학자가 되려고 합니다."

"좋군, 하지만 내 딸을 고생시키면 곤란하네."

"하느님이 도와 주실 것입니다."

"그렇지만 당장 결혼 반지 마련할 돈은 있어야 하지 않 겠나?"

"하느님이 도와 주실 것입니다."

"음…. 아이들은 어떻게 키울 셈인가?"

"그것도 하느님이 도와주실 것입니다."

청년이 가고 난 뒤, 처녀의 어머니가 남편에게 물었다.

"그 청년, 어떤 것 같아요?"

"직업도 없고, 계획도 없어. 한 가지 확실한 사실은 그놈이 나를 하느님으로 생각한다는 거야."

난제

대기업 사내커플인 정자와 상길이는 점심시간에 구내 식당에 마주앉았다.

"그래서?"

'정자'에게 결혼 신청을 한 '상길'이가 입을 열었다.

"내게 대해서 당신네 부모님의 의견은 어떻소?"

"몰라요."

정자는 대답하였다.

"아버지는 아직 아무 말씀 않으시고, 어머닌 반대하기 위해서 아버지가 뭐라고 하기만 기다리고 있으니깐요."

자전거

영국의 어느 마을 목사가 언제나 자전거를 타고 다녔는데, 오늘은 터벅터벅 걸어다니고 있는 것을 보고 장로님이 알 수 없다는 표정으로 물어보았다.

"자전거가 펑크났나요?"

"사실은 자전거의 행방을 전혀 모르겠소. 마을의 누군가가 훔쳐간 게 틀림없어요. 그래서 내일 설교에는 특히 도둑질에 대한 죄를 문제삼고 십계명을 인용하여 〈도둑질 하지 말라〉고 한 대목에 이르면 한 번 쭈욱 훑어보아야겠어요. 그렇게 되면 얼굴빛으로 판단해서라도 범인을 찾아낼 수 있으리라 생각합니다."

그 이튿날 목사의 설교는 특별히 열렬하고 감명 깊은 것이었다. 마을 사람들은 기침 소리 하나 내지 않고 취한 듯이 경청하였다.

마침내 예정한 대로 '십계명'을 인용하기 시작하여 먼저 〈너의 이웃을 탐내지 말라〉는 대목에 이르렀을 때 목사는 무엇을 생각하였던지 말을 끊고 회중을 둘러보더니 그대로 설교를 끝내버렸다.

듣고 있던 장로님은 깜짝 놀라서 목사에게 물었다. 〈도둑질하지 말라〉는 대목까지 왜 설교하지 않으셨어요?

목사는 멋쩍은 듯이 대답하였다. "사실은 〈네 이웃의 아내를 탐내지 말지니!〉에서 문득 생각이 났어요. 자전거를 놓고 온 집을 말이죠."

한수 위

"당신은 John의 결혼 신청을 받아들였다죠? 그렇지만 그이는 이전에 내게도 결혼 신청을 했었어요. 아마 당신에겐 숨겼겠지만……"

"아아뇨, John은 나를 만나기 전에는 하찮은 여자들과 허튼 수작을 많이 했었노라고 벌써 내게 실토를 한걸요. 다만 나는 그따위 하찮은 여자들의 이름을 묻지 않았을 뿐이죠."

목숨 건 데이트

어떤 신사가 이발소에 들어가서 이발을 마치고 면도를 하는데, 밉지 않게 생긴 젊은 여자가 손톱을 다듬어 준다. 이 신사 엉뚱한 마음을 먹고 아가씨에게 슬쩍 말을 건넨다.

"어때, 나하고 데이트 한 번 안 할래요?"
"안돼요, 저는 남편이 있는걸요."
"까짓것 남편 따위 적당히 속이면 되잖아."
"지금 한 말을 다 듣고 있는 걸 어떻게 속여요. 손님의 면도를 해드리는 이발사가 바로 제 남편인걸요."

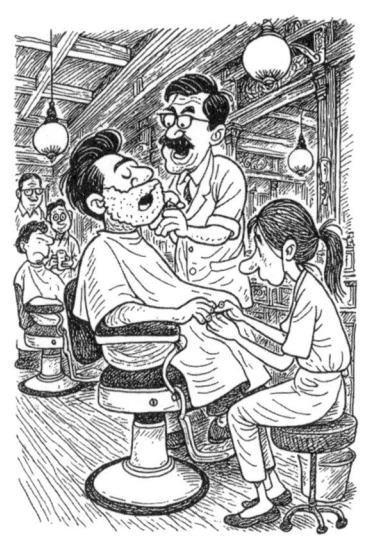

관심

중학교 2학년 담임 선생님은
학생 일동에게 요즘 유행하고 있는 '꽃가루 알러지'를 특히 조심하라고 당부하고 있었다.
"마침 내게도 여러분 나이 또래의 자식이 있는데. 그 애가 며칠 전 사준 축구공을 꽃가루 날리는 야외에서 매일 차고 놀더니만 그 병에 걸려 지금 안과 병원에 입원해 있습니다."
학생들은 모두 조용히 듣고 있었는데 그중 한 녀석이 손을 들고 약간 주저하며 물었다.
"저, 선생님, 그 축구공 지금 어디 있나요?"

오해

퇴근 무렵 비가 올 예정이라는 일기예보를 듣고 집을 나올 때 승찬에게 아내가 부탁하였다.
"여름이 다가오니 우산을 사 오세요. 내 것과 어머니 것 각각 하나씩하고 아이 학교 갈 때 쓸 것 하나, 그리고 삼촌 것도 하나 부탁해요."
승찬 씨는 '퇴근 땐 잊지 말고 꼭 사야지' 라는 우산 생각에만 골똘하여 있었으므로 버스를 내릴 때 얼떨결에 옆자리 손님의 우산을 집어들었다. 우산 주인의 주의를 받고 백배 사죄하였다.

그날 저녁때 다시 아침의 그 손님과 같은 버스를 타게 되었다. 그 손님은 승찬 씨가 가지고 있는 다섯 개의 우산을 보더니, 사뭇 감탄조로 말했다.

"오늘은 상당한 수확이 있었군요!"

물개를 보라구

미용을 위해 헬스 클럽에 등록해서 수영을 배우겠다는 아내 영애에게 구두쇠로 소문난 석구가 말했다.

"흥, 헤엄치면 미용에 좋다고? 누가 그런 얼빠진 소리를 해?"

"내 고등학교 동창 정숙이 보세요. 수영을 배운 지 1년밖에 안됐는데, 얼굴이 이뻐졌다고 난리예요."

"흥, 동물원에 가서 물개를 보라구. 한 해 열두 달 하루도 빠짐없이 물에서 수영하며 살고 있는데, 얼굴이 이뻐지기는커녕……. 당신, 물개 얼굴이 이뻐? 이뻐?"

달그락 소리

한 길손이 적당한 여관을 찾아, 온 거리를 돌아다녔으나 어디나 마찬가지로 빈 방이 없다. 마침내 과히 기분이 좋지 못한 으슥한 여관집 문을 밀고 들어갔다.

주인 여자가 음침한 목소리로 말했다.

"꼭 하나 남았습니다만… 사용하신다면 반값에 주무세요."

길손이 이유를 캐어 물은 결과, 그 방은 도깨비가 나오는 방으로서, 밤새도록 이상한 소리가 난다는 것이었다. 하지만 그는 먼 길을 온 터라 너무 피곤해서 그대로 침대에 들어가서 전등을 끄고 잠이 들었다.

한참 지났는데 '달그락달그락' 하는 이상한 소리가 난

다. 길손은 전등을 켰다. 그러나 아무것도 보이지 않았다. 다시 전등을 껐다. 그러자 또다시 '달그락 달그락' 하고 들리기 시작한다. 아까보다 더 가까운 데서 말이다. 그래서 다시 전등을 켜고 자세히 보니 침대 옆에 놓인 테이블 위를 의족을 단 빈대가 기어가고 있었다.

채식주의자

호석은 친구 병태와 같이 인도로 호랑이와 코끼리 사냥을 떠나갔던 경석이가 돌아온다고 하여서 기차 정거장으로 마중하러 나갔다.
"웬일이야. 경석군, 자네 혼자 돌아왔으니. 병태는 어쨌나?"
"가엽게도 그 친구는 코끼리에게 먹혔어."
"야, 야, 농담 작작해. 코끼리는 육식동물이 아니잖아."
"그 말도 지당하지만, 너 병태는 '채식주의자'였던 거 모르니?"

누구의 돈?

돈이 많은 사업가 영태 씨가 사업에 폭망한 옛 친구 종수 씨와 오래간만에 길에서 만났다.

"인생 뜻대로 되지 않는 모양이군."

"보는 바와 같은 형편일세. 직업도 없고, 게다가 병을 얻었으니."

"뭣 좀 도와줬으면 하는데. 실례가 안 된다면 100만 원짜리 수표를 가지고 가게."

종수 씨는 감사하며 갱생을 맹세하였다. 그러고 1년이 지났다. 두 사람은 다시 길에서 마주쳤으나, 종수 씨는 여전히 쇠락한 몰골이었다.

"가난 귀신하고는 아직도 인연이 안 끊어진 모양일세. 그려. 안됐군, 자 50만 원! 보태쓰게."

또 1년이 지났다, 영태 씨는 다시 더욱 초라해진 옛 친구 종수의 모습을 발견하였다.

"정말로 자네는 희망이 안 보이네 그려. 자, 이번엔 25만 원!"

"고맙네, 감사하네. 그런데 자네도 별반 세월이 좋지 않은 모양이지?"

"왜? 그 반대야. 사업은 점점 잘 돼 가고 있어."

"그럼 왜 자네를 만날 때마다 내게 주는 돈이 절반씩으로 줄어드나?"

"아아, 그것 말인가. 사실 자네를 만난 처음 해는 난 아직 독신이었어. 그러나 두 번째는 갓 결혼했을 때였고, 올해는 벌써 아이가 태어났어."

"그래? 잘 알았네. 즉, 다시 말하면 자네는 내 돈으로 처자를 부양한다는 말이지."

숙녀다운 행동

백화점 특설매장은 벌떼 같은 부인네들의 아우성으로 그야말로 싸움터같이 법석대었다. 경호는 아내의 부탁으로 몇 가지 옷을 사러 왔으나, 주위의 소란스러운 분위기에 기가 질려서 한참 멍하니 서 있을 뿐이었다.

이윽고 마음을 단단히 먹고, 무리 사이로 뚫고 들어가자마자 팔꿈치로 좌우 허리뼈를 맞고 고통이 왔지만 비비고 헤치고 간신히 목적하는 물건을 골라 집었다. 하지만 이제 계산대 쪽으로 인파를 돌파해 나가는 일이 또한 큰일이었다. 거의 불가능에 가까운 일이었다.

그리하여 경호는 용기를 내어 몸으로 떠다밀며 소용돌이치는 역류를 헤엄쳐 빠져나오기 시작하였다.

"여보세요, 뭐예욧!"

삽시간에 중년 여성들의 격앙된 목소리가 총공격을 퍼붓는다.

"신사라면 좀 신사답게 행동하세욧!"

경호는 물건 고른 것을 양팔에 잔뜩 안고 군중 사이를 비틀거리며 빠져나오며 괴롭게 외쳤다.

"이제까지는 신사답게 행동했습니다. 그러나 지금부터는 숙녀답게 행동하렵니다!"

서로서로

수다스런 이발사가 마무리 순서로 손님의 수염을 깎을 차례가 되었다.
"손님, 수염을 깎아야 되니 입을 움직이시면 안 됩니다."
머리깎는 내내 이발사의 수다에 지친 손님이 대답했다.
"그러죠. 대신 이발사 아저씨도 그래야 합니다."

묘수

서울에서 요릿집 종업원을 하고 있는 한 청년이 시골서 지내는 자기 동생에게 양복 상의 하나를 택배로 보냈다. 동생이 택배를 끌러 보니, 편지가 한 장 들어 있었다.
〈여기 양복 상의 하나를 보낸다. 상의 단추는 떼었으니 그리 알아라. 무게가 나가서 택배 요금이 비싸게 들까 걱정되기 때문이다. 그래서 그 단추들을 안 주머니 속에 넣었으니 꺼내서 달아 입기 바란다.〉

좀 더 위쪽

달도 없는 공원에서 소심한 사나이가 평생 용기를 내어서 여자의 '무릎'에 손을 얹고 고백했다.

- 난 당신을 사랑해요.

그러자 여자는 사나이의 손을 안타깝게 느끼며

= 알아요… 좀더 위쪽이예요.

무죄 이유

초여름 밤의 어두컴컴한 공원을 순시중인 경찰관이, 좀 떨어진 쪽에서 이상한 소리가 들려 갑자기 회중전등으로 벤치를 비춰 보니 맹랑한 애정행각을 감행하고 있는 중년 남녀가 있었다. 경범죄로 곧 약식 재판에 회부하였다.
"이것은 당연히 미풍양속에 반하는 행위이다. 고로 벌금형에 처한다!"
재판관은 엄숙히 선고하고 나서 덧붙였다.
"피고는 별도로 할 말이 있는가, 있으면 말하도록 하라."
그 사나이는 태연히 대답하였다.
"재판관님, 실은 이 여자는 나의 엄연한 아내로서……"
그 말을 듣더니, 재판관은 입을 열었다.
"그렇다면 장소가 나빴을 뿐이군. 앞으로는 조심하도록 하시오. 무죄를 선고함!"
재판이 끝나자 그들을 붙잡아 재판에 기소했던 경찰관이 그 부부에게로 달려가서 말했다.

"하여간 무죄라니 다행이요. 그런데 왜 내외분이 하필 그런 데서?"

그러자 그 사나이가 대답하였다.

"사실은 나도 내 아낸 줄 몰랐죠. 당신이 회중 전등을 비출 때까지는……."

체포 이유

유치장에서 죄수 두 명이 하는 얘기다.

"여자 차림을 하고 다니다가 형사에게 잡혔다면서?"

"응, 내 생각이 짧았어. 완벽한 가발과 정장차림, 완벽한 메이크업과 핸드백 등 걸음걸이마저 연습한 대로 다녔는데, 여장한 내가 화장품 가게 쇼 윈도우를 쳐다보지 않고 지나갔거든."

차이

스코틀랜드인은 경우는 밝지만 따지기는 좋아하지 않는다.

어떤 미국인이 스코틀랜드의 고성 구경을 하려고 마차를 타기로 했다. 마차 삯을 물어보니, 1등석은 3유로, 2

등석은 2유로, 3등석은 1유로란다.

미국인이 물었다

"마차는 한 댄데 왜 그렇게 등급이 붙느냐?"

스코틀랜드인이 답했다.

"당신 좋을 대로 삯을 내면 돼요."

미국인은 같은 마차인데 비싼 요금을 내면 남이 바보로 생각하지 않을까 생각하고 3등 요금을 냈다. 마차가 얼마를 가다가 고개를 오르게 되었는데, 마차꾼은 마차를 세우더니 외쳤다.

"1등석 요금을 내신 분은 그대로 앉아 있고, 2등은 내려서 걷고, 3등은 내려서 마차를 미시오!"

천국 가는 방법

돌팔이로 이름난 엉터리 의사가 왕진 가는 길에 개구쟁이들이 위험한 길가에서 공놀이를하고 있는 것을 보고 꾸짖었다.

"이놈들, 이런 위험한 곳에서 공놀이하고 마구 떠들면 천국에 못 간다. 자, 애들아. 천국엔 어떡해야 가게 되지?"

개구쟁이들은 장난끼 섞어 대답하였다.

"죽으면 가죠."

"그야 그렇지만……."

의사는 약간 설교조로 말했다.

"죽기 전에 뭘 해야 되느냔 말이야?"

개구쟁이들은 그 말을 듣자 곧 합창하듯 소리쳤다.

"선생님 치료를 받으면 즉시 갈 수 있습니다!!"

초보

농업학교를 갓 나온 청년이 늙은 과수원 주인에게 자기 실력을 뽐내듯 이렇게 말하고 있었다.

"이런 재배법은 구식이예요. 이따위 비과학적인 방법으로 저 사과 나무에 1kg 짜리 열매가 열린다면 난 까무러칠 겁니다."
"나도 놀라 까무러칠꺼네. 저건 배 나무거든."

한 방만 더

한 돈 많은 사내가 황혼녘에 마을로 돌아가는 길에 갑자기 강도가 나타나서 권총을 들이대었다. 할 수 없다. 그는 단념하고 있는 돈을 다 내주고 나서 애원했다.
"여보시오, 강도 양반. 실상 이 돈은 우리 마누라 돈인데 이대로 돌아가면 아마 꼭 내가 술을 사먹거나 여자와 재미보는 데 다 써버렸다고 바가지를 긁을 텐데, 미안하지만 내 외투에 권총을 몇 발 쏘아줄 수 없겠소? 총알 구멍이 나 있으면 강도를 만난 것이 증명되니까요."
그렇게 말하고서 그는 들고 있던 외투를 강도에게 건네주었다. 강도는 거 쉬운 일이라는 듯이 잇달아 두 방을 쏘아댔다.
"한 방만 더요."
"안돼, 이젠 총알이 없어!"
그 말을 들은 사내는 강도를 어퍼컷을 날려 한방에 때려 기절시켰다. 그러고는 돈 뭉치를 도로 찾아가지고 의기양양하게 집으로 향했다.

오해하지 마쇼

한쪽 팔이 없는 사내의 수염을 깎고 있던 이발사가 그만 정신을 놓고 수다 떨다가 왼쪽 귀 밑에 깊은 상처를 내어 버렸다.

"대단히 죄송합니다. 보아하니, 전에도 저희 이발소에 오셨었군요."

"닥쳐! 오늘이 처음이야. 이 왼쪽 짧은 팔은 베트남 전선에서 잃어버린 거야!"

벌금

한 주가 시작되는 월요일이라 바쁜 어느 은행 창구에 병태가 헐레벌떡 들어섰다. 그러고는 성큼성큼 담당 창구로 가서 종이 쪽지를 내밀며 말했다,

"과속 딱지 벌금 내러 왔는데요"

그러자 은행 창구 아가씨는 쳐다보지도 않고 병태에게 말했다.

"번호표 뽑아 오세요!"

병태는 고개를 갸우뚱하며 다시 물었다.

"예? 정말 번호표가 있어야 해요?"

아가씨는 약간 신경질적인 목소리로 말했다.

"그렇다니까요. 뽑아오세요!"

이에 병태는 창구를 물러나며 아무나 들으라는 듯 투덜거렸다.

"에이, 쓰블, 왜 멀쩡한 번호판은 뽑아오라고 하는 거야? 젠장할, 귀찮아 죽겠네!"

그러고는 잠시 후 은행 직원들은 기절할 듯 놀랬다.

병태는 자신의 차에서 뜯어온 차량 번호판을 은행창구 아가씨에게 내밀며 불만 섞인 목소리로 외쳤다.

"여기 있어요, 번호판!!"

소음

- 아파트 공사장이 가까이 있어서 그런지 몰라도 이 근처는 하루종일 소음이 지독하군요.
= 웬걸요, 다행히 덤프 트럭이 지나 갈 때는 아파트 공사 소음이 들리지 않아 참을 만해요.

첫 번째 한마디

이웃집 여자 두 명이 거리에서 만나 서로 흉금을 털어놓았다. 먼저 한 여자가 말했다.
"세상 남자들이 모두 다 술 마시는 나쁜 버릇을 버렸으면 좋겠어요."
그러자 다른 여자가 맞장구를 쳤다.
"어머, 저하고 동감이에요. 저도 지난 주에 남편 술주정 때문에 한바탕 싸움을 했지 뭐예요. 그리고 남편하고 일주일 내내 입을 다문 채 한마디도 안 했는데 남편이 더 이상 못 견디겠던지 결국 어제 먼저 말문을 열더라구요."
"뭐라고 했는데요?"
"여보, 소주병과 잔 어디 뒀어?"

그 잔꾀가 미워

두 남자가 술집에서 술을 마시며 대화를 나누고 있었다.
"넌 어째서 아직도 그 사람을 미워하는 거야?"
"몰라서 물어? 그놈이 내 마누라랑 사귀었잖아!"
"하지만 그건 결혼 전의 일이라구."
그러자 남자가 광분하듯 소리쳤다.
"바로 그게 미운 거야! 내 마누라와 결혼 안 한 그 잔꾀가 미워서 견딜 수가 없다구!"

말은 바보?

금주론자가 청중이 가득찬 강당에서 목장의 마구간에서 말 앞에 커다란 물통과 술통이 놓여있는 사진을 스크린을 비쳐놓고 연설을 하고 있다.
"자 여러분 여기 '물' 한통과 '맥주' 한 통이 있다고 치고, 말(馬)을 데려오면 그 말은 어느 쪽을 먹을까요?"
"물론 '물'이죠."
금주론자는 옳다구나 하고 거듭 묻는다
"왜 물을 먹을까요?"
"말은 바보니까요!"

뼈대 있는 집안

- 자넨 창문으로 내던져졌다고들 하던데 그래 가만히 있었나?
= 천만에! 곧 되돌아 들어가서 호통을 쳤지.
'나는 뼈대 있는 집안의 사람이다.' 라고.
- 그랬더니?
= 대문으로 내던지더군.

실토

세계 각국을 여행한 친구가 만났다. 화제는 자연히 각국 미인 이야기로 옮겨갔다.
"나는 안 간 곳이 없을 정도인데……."
아리따운 아내를 가진 승준이가 말문을 열었다.
"프랑스, 이태리, 영국은 물론 중동과 인도 그리고 중국의 여자들과도 포옹도 하고 키스도 했는데, 우리 아내 미정이 키스만큼 근사하고 달콤한 키스를 경험하진 못했어."
이 말을 잠자코 듣고 있던 한창 나이의 승준이가 맞장구를 쳤다.
"사실이야, 니 말이 정말 옳아!"

내 꿈 꿔!

창수는 혜정을 사랑하고 있다.

혜정도 창수를 사랑하고 있다.

창수는 방 왼쪽에 있다.

혜정은 방 오른쪽에 있다.

이윽고

창수는 상의와 바지를 벗어서 던진다.

혜정은 브라우스를 벗어 행거에 건다.

창수는 속옷도 한 가지 한 가지 벗더니

알몸으로 침대의 왼쪽에 걸터앉는다.

혜정도 속옷을 하나하나 서슴지 않고 벗고

부드러운 우유빛 맨살을 드러낸 채

침대의 오른쪽에 걸터앉는다.

창수는 침대의 왼쪽에 누워 불을 끈다.

혜정은 침대의 오른쪽에 누워 스탠드를 끈다.

창수는 오른쪽으로 돌아눕는다

혜정은 왼쪽으로 돌아눕는다.

-

창수가 있는 데는 제주도 대기업 독신자 아파트.

혜정이 있는 데는 서울 명문여대 기숙사의 개인 방.

창수도 혜정도 잠을 청하며
서로 "내 꿈 꿔!"를 소망한다.

비유

중간시험을 치르려고 하는데 손을 드는 학생이 있었다.
"선생님! 연필을 잊어버리고 왔습니다."
선생님은 인상을 찌푸리며 꾸짖었다.
"뭐라구? 학생이 연필을 잊어버리고 오다니! 싸움터에서 총을 갖지 않고 있는 군인을 너는 어떻게 생각하니?"
이것은 흔히 이런 경우에 선생님들이 쓰는 표현이다. 이 말을 듣자 그 학생은 지체없이 대답했다.
"네, 장교입니다."

외국인을 좋아해

병태가 친구들을 만난 자리에서 아내의 자랑을 늘어 놓았다.
"우리 아내는 확실히 차원이 높아. 나도 모르는 인생철학을 공부하거든. 아리스토텔레스가 어쩌니, 소크라테스와 플라톤이 어쩌니……. 너희들 요즘 이런 여자 봤어?"

거나하게 술 취한 친구가 한마디 한다.

"니 마누라는 너보다 외국 넘들을 더 좋아하는구나."

우리집이네

후배 교수에게 들은 얘기다.

어느 날 밤에 그는 동료교수의 집을 찾아갔다가 얘기가 길어져서 새벽 2시가 되었다. 아까부터 하품을 하던 동료가 참다못해 이런 말을 했다고 한다.

"여보게, 실은 난 내일 아침 강의가 있는데 얘긴 이제 그만하는 게 어떤가?"

그 말을 들은 후배 교수는 깜짝 놀랐다고 했다.

"아니, 여긴 자네 집이었던가? 난, 자네가 날 찾아온 줄로만 알고 있었네……."

수상한 말들

골프장에서만 들을 수 있는 수상한 말들

10위 : 사장님 벗겨드릴까요?

9위 : 올라가기 전에 몸 좀 풀고 올라가겠습니다.

8위 : 한 분씩만 올라가세요.

7위 : 아직 하시면 안 됩니다. 하라고 할 때까지 기다리세요.

6위 : 끝이 휘어 밖으로 나갔습니다.

5위 : 손으로 만지면 안 됩니다.

4위 : 몇 번 드릴까요?

3위 : 너무 짧아서 안 들어갔습니다.

2위 : 앞의 분 빼고 나서 넣으셔야죠.

1위 : 마지막 분이 좀 꽂아주세요.

시간

한 남자가 길을 걷던 중 자신의 앞에서 걸어가는 여자의 아름다운 뒷모습에 반해 버렸다.
남자는 여자에게 말을 걸기 위해 빠른 걸음으로 다가가서 어깨를 살짝 치며 물었다.

"저 혹시 시간 있으세요?"

그러고 여자 얼굴을 보니 세상에, 못생겨도 이런 얼굴이 없다.

남자가 속으로 '아차!' 하는 순간 여자가 대답했다.

"네, 저 시간 많은데, 무슨 일이죠?"

남자가 순발력을 발휘했다.

"시간 아껴 쓰세요."

은퇴의 이유

어느 날 뇌가 신체의 장기들을 모아놓고 회의를 열었다.

"오늘은 하고 싶은 이야기가 있으면 모두 해보시기 바랍니다."

폐 : 저는 도저히 이 생활을 할 수가 없습니다. 주인이 시도 때도 없이 담배만 피워대서 살 수가 없어요. 이제 은퇴하고 싶습니다.

간 : 저도 은퇴하고 싶습니다. 주인이 매일 소주를 세 병씩 마시니 견딜 수가 없어요

위 : 저도 은퇴하겠습니다. 주인이 매일 얼마나 처먹어대는지 위가 터질 지경입니다.

그러자 맨 뒤쪽에 앉아있던 '거시기'가 조그만 목소리로

말했다.

"저도 은퇴하고 싶습니다."

회의를 주재하던 '뇌'가 말했다.

"뒤에서 지금 말씀하신 분, 일어나서 크게 말씀해 주세요. 잘 안 들립니다."

"나 참, 내가 일어날 힘만 있으면 왜 은퇴를 하겠습니까?"

실패작

도예가가 실패한 도자기를 가차없이 깨버리는 모습을 TV로 보시던 어머니가 내 얼굴을 힐끗 쳐다보더니 들릴 듯 말 듯 중얼거리신다.

"부럽네, 실패작을 저렇게 간단하게 처분할 수 있다니!"

이혼은 안돼

두 여자 친구가 마트의 과일야채 코너에서 만났다.

"너는 어쩜 그렇게 점점 날씬해져 가니?"

감탄사가 절로 나온다.

"남편이 너무 날 괴롭혀. 속상해 못 참겠어! 날 배신하고 요즘엔 다른 여자도 생긴 것 같아."

"그런 남편이라면 당장 이혼해 버려!"

"당장 이혼은 안 돼. 나는 아직 3kg은 더 빼야 되거든."

가장 슬퍼할 국민

미국의 트럼프 대통령과 프랑스 마크롱 대통령은 같은 비행기를 타고 여행 중이었다. 그런데 엔진 고장으로 비행기가 급강하하기 시작했다.
두 사람은 긴장하면서 이야기를 짧게 나눴다.
"우리가 죽으면 미국과 프랑스 어느 나라 국민이 더 슬퍼할까?"
서로 자기 나라 국민들이 더 슬퍼할 거라고 자신만만하

게 말했지만, 잠시 후 두 사람은 의견일치를 보았다.

"가장 슬퍼하는 국민은 러시아 국민일 것이다."

왜냐하면 '푸틴'이 타지 않았기 때문에.

손님과 기사

어떤 사람이 버스를 탔다.

손님 : 이 차 어디로 가요?

기사 : 앞으로 갑니다.

손님 : 뭐예요? 여기가 어딘데요?

기사 : 버스 안입니다.

손님 : 지금 장난하는 겁니까?

기사 : 아뇨, 운전하고 있습니다.

금연 금주 비법

40대의 두 중년 부인이 만나서 얘기한다.

"댁의 바깥 양반은 담배도 술도 딱 끊으셨다죠? 어쩌면 그렇게 의지가 굳으실까요. 우리 남편은 어림없거든요."

"별말씀을요. 다— 제 의지가 굳기 때문이죠."

"어찌하셨는데요?"

"제가 남편 보는 앞에서 술판을 벌이고 줄담배 피워댔죠. 그랬더니……."

위장술

한 여군이 급한 연락을 받고 어떤 부대를 찾아가는 중이었다. 가던 도중 날씨가 너무 덥고 다리도 아파서 쉬고 싶었다. 이때 마침 나무가 울창한 곳에 위치한 호수를 발견했다. 근처를 한 번 살펴보고는 인적이 없자, 여군은 군복을 모두 홀랑 벗은 뒤 수영을 즐긴 다음 일광욕까지 했다.

바로 그때 갑자기 장교 한 사람이 나무 뒤에서 나왔다. 놀란 여군은 벌떡 일어나 옷을 후다닥 챙겨 입고 거수경례를 했다.

"추, 충성!"

"음, 충성!"

장교는 경례를 받더니 뒤돌아서서 큰 소리로 외쳤다.

"위장대대, 전원 차렷! 앞으로 갓!"

그러자 호수 옆에 꼼짝않고 서있던 나무들이 구령에 맞춰 일제히 움직이며 행진을 하는 것 아닌가.

기억력

세 사람의 남녀 회사원이 퇴근 후 술집에서 자신들의 기억력 자랑을 늘어놓기 시작했다.

"난 어머님의 품에 안겨서 젖을 먹던 기억이 생생해."

"난 어머니가 날 낳던 순간 산부인과 담당 의사가 '조금만 힘을 더 주시면 됩니다!' 라고 했던 목소리를 어렴풋이 기억하고 있어."

그러자 빙긋이 웃고 듣고만 있던 여자 사원이 이렇게 말했다.

"내 기억은 좀 더 오랜 것 같아. 우리 부모님 결혼식이 끝난 후 신혼여행 떠날 땐 아버지와 함께 갔었는데, 돌아오는 길에는 어머니와 함께였어."

휴식을 위해

두 친구가 시원한 경치가 보이는 고급 레스토랑에서 술 한잔하며 아내에 관한 얘기하고 있다.

"여보게, 자네는 부인을 휴양지로 피서휴가를 보냈다면서?"

"응."

"우리 와이프가 엄청 부러워하더군. 자네는 정말 부인한테 최고라고."
"아냐 내가, 내 몸이 온전히 휴식하고 싶어서라네."

엄마의 말씀

한 청년이 공원 벤치에서 옆에 앉아 있던 낯선 여자를 끌어안으며 느닷없이 키스를 한다. 그 청년은 아가씨가 저항을 하지 않자 두 번 세 번 키스를 연속적으로 한 다음, 이상하다고 생각돼서 물었다.
"아가씨는 왜 침묵을 지키고 있나요?"
"엄마가 모르는 사람하곤 절대로 얘기를 하지 말라고 했어요."

특별 허가증

이것은 구 소련에서의 이야기다.
공산당에 충실해서 줄을 안 서고도 차표를 살 수 있는 특별 허가증을 받은 사내가 있었다. 그는 의기양양하여 정거장에 나가 매표구에다 내밀고 표를 달라고 했다. 그러나 매표소 직원은 맨 꽁무니에 가서 줄을 서라고 한다.

그는 이 특별 허가증이 안 보이냐고 직원에게 내 보이며 항의했다.

"잘 알았소. 허가증은 보았소. 그러나 여기 줄을 선 사람들도 다 특별 허가증을 가진 사람들이요."

"그럼 저 왼쪽 창구에 줄을 안 서고 한가롭게 표를 사는 저 사람은 무슨 특수 허가증을 가졌단 말요?"

"아~ 그쪽 창구는 아무런 허가증도 없는 사람들이 표를 사는 창구입니다."

성동격서

식당에는 노선 버스기사, 비행기 조종사 그리고 택시 운전기사가 앉아 있었다. 이들은 누구의 부인이 가장 정숙한가에 대하여 얘기를 시작했다.

노선 버스기사 : 내 아내는 정숙합니다. 나는 퇴근시간이 되면 정기 노선을 벗어나 집 옆으로 통과할 때 경적을 길게 울려 알립니다. 그리고 집으로 들어와 보면 아내는 홀로 식탁을 준비해 두고 있습니다.

비행기 파일럿 : 나는 마지막 비행 때는 우리집 상공을 낮게 날며 둥글게 선회를 한 다음 비행장에서 집으로 들어와 보면 모든 것이 질서정연하게 정돈된 채 아내는

나를 맞습니다.

택시 운전기사 : 우리집 앞에는 급경사로 된 길이 있습니다. 언덕까지는 고속으로 질주를 하고, 위쪽에서 엔진을 끄고 조용히 집까지 굴러내려 갑니다. 그리고 사설 흥신소에서 건네준 사진을 들고 정문 앞에서 벨을 누릅니다. 그러고는 재빨리 뒷문으로 돌아가 벽에 납작 붙어 문 열리기를 기다립니다. 살아서 빠져나간 놈은 아직 한 놈도 없습니다.

조수의 나이

"불로불사하는 신기한 약 불로초올시다. 이 약을 파는 저는 금년에 300살이지만 아직도 건강하며 정정하고…" 떠벌리는 약장수 소리를 들으며 구경꾼 중의 한 사람이 앞에 서 있는 흰 수염이 배까지 내려온 약장수에게 넌지시 물었다. "정말 선생께서 그렇게 나이가 많으십니까?"
"정히 궁금하면 옆에 서있는 내 조수에게 물어 보시오. 내 조수도 나를 따라다닌 지 올해가 고작 100년밖에 안 됐거든요."

그이는 출장중

한 부인이 눈 언저리에 푸른 멍이 든 채로 사무실에 출근했다.

"누가 당신을 그렇게 했소?"

"남편이요."

"우리는 남편이 출장중인 것으로 알고 있는데?"

"나 역시 그렇게 생각했어요."

여자의 마음

- 그것 참 이상하지 않은가? 아가씨들은 쥐새끼를 보고도 무서워 소리치며 책상 위로 피해가며 야단법석인데, 운전석에 늑대가 있어도 차에선 조용히 앉아 있거든!

미쳐버릴 뻔

두 이웃 여자가 수다를 떨고 있었다.

"병태 씨, 부인이 병태 씨를 버리고 떠났다는 소문을 들었어요?"

"그 말 농담이길 바랍니다. 그게 사실이라면 심약한 병태 씨가 그 충격을 어떻게 극복했을까요?"

"현재 병태 씨는 다행히 안정을 되찾았어요. 그런데 처음에는 병태 씨가 너무 기쁜 나머지 미쳐버리는 게 아닌가 싶었어요."

18금

부인은 거울 앞에 서서 머리끝에서 발끝까지 요모조모 비추어 보고 있었다. 남편은 손에 극장표 2장을 들고 불안한 듯이 시계를 쳐다보고 있었다.

"이렇게 머리를 손질하니 내가 더 젊어 보이죠?"

"다섯 살은 젊어 보여."

"이렇게 두꺼운 상의 대신에 가벼운 블라우스를 갈아 입으니까 내가 더 어려 보이죠?"

"열 살은 더 젊어 보이는 것 같아. 자, 이제 그만 치장하고 영화보러 갑시다, 이 영화는 18세 미만 아동은 관람이 금지되어 있소."

길들여진 놈

"다시 태어난다면 지금의 배우자와 다시 결혼하시겠습

니까?"

목사님이 교인들에게 질문을 하며 그런 사람 있으면 손 들어보라고 했다. 모두들 손을 들지 않았는데 할머니 한 분이 조용히 손을 들었다.

"그렇게 사랑이 깊으셨습니까?"

목사님이 묻자, 할머니의 대답.

"다 그눔이 그눔이여. 길들여진 눔이 그래도 낫제."

고통이 없어서

저녁 퇴근 시간 무렵, 음식점과 술집이 즐비한 거리에서 두 친구가 얘기한다.

"알다시피, 마누라가 날 버리고 떠나 버렸네."

"그런 경우 술이나 잔뜩 마시며 그 고통을 술에 묻어 버리게."

"그렇게 할 수가 없네."

"왜 술 마실 돈이 없는가?"

"돈은 있는데, 고통이 없어서네."

아니, 뭐라구!

부인이 남편에게 부럽다는 듯 불평을 늘어 놓는다.

"이웃에 사는 남자가 자기 부인에게 하는 모범을 좀 따라해봐요."

"뭔 일을 했는데?"

"자기 부인에게 이번 생일 선물로 금반지를 선물해 줬대요."

"그게 뭐 그리 대단하다구. 나는 그녀에게 이번 생일에 다이아 반지를 선물했소."

알려주세요

청년의 연립주택 2층 창문이 처녀 연립주택 2층 창문 맞은편에 있었다. 청년은 저녁마다 소등하고, 창문 옆에 살짝 숨어서, 그녀가 퇴근해서 방에서 옷을 벗고 있는 것을 관찰하며 즐기고 있었다. 한 번은 아침에 그에게 어떤 전화가 걸려 왔다.
"여보세요, 젊은 아저씨! 나는 맞은편 연립주택에 거주하는 처녀인데요, 실례입니다만 당신 혹시 엊저녁에 내가 팬티스타킹을 벗어 어디에 던져두었는지 보셨나요? 출근시간이 급한데 안 보여서 그래요."

천리안

영애 씨의 결혼식이 있습니다. 그녀의 약혼자인 남자는 천리안을 가진 능력자라는 소문이 있더군요.
"당신은 그가 실제로 미래를 예견하는 능력이 있다고 생각하십니까?"
"당신 무슨 소리를 하는 겁니까? 과연 그렇다면, 그 남자가 그런 여자와 결혼을 하겠어요."

10명의 아이들

구 소련 시대, 부인이 남편에게 이렇게 말했다.
"오늘 새로운 법령이 발표되었는데요. 그 내용은 아이들이 10명이 된 가정에는 방 6개가 딸린 아파트와 소형 미니버스 그리고 어린이 한 사람당 1천만 원을 준답니다. 당신이 언젠가 나에게 숨긴 아들 한 명이 어디선가 자라고 있다고 고백한 일이 있지요? 어서 가서 그 애를 데려오세요. 그러면 우리에게도 아이들이 10명이 되니까요."
남편은 이에 동의하고 아이를 데리러 떠났으며 그후 몇 주일이 지난 후 아이를 데리고 집에 돌아와 보니 부인 혼자만 있지 않은가!
"집에 있던 9명의 아이들은 다 어디있소?"
"그 아이의 애비들이 모두 와서 각자 자식들을 데려 갔어요."

누구냐?

엄격한 아버지가 딸에게 물었다.
"영애야, 어제 네가 자동차 안에서 어떤 젊은 녀석과 키스하는 것을 내가 보았는데, 그놈이 누구냐?"

"자동차는 무슨 색깔이었나요?"

동의하는 이유

- 그러니까 이혼 시에는, 우리들의 가구와 패물들 시계, 반지, 증권, 돈까지 모든 재산을 균등하게 그리고 아무런 말썽 없이 나눈다는 뜻이지요?
= 물론입니다.
- 그리고 그 어떤 모욕이나 비방 없이 예의 바르고 겸손하게 처신할 겁니까?
= 그렇습니다.
- 아주 멋있는 신사도 정신을 가진 분이군요. 그렇다면 나는 당신과 결혼하는데 동의하겠어요!

사나이 결심

남 : 만약에 당신이 나의 프로포즈를 거절한다면, 나는 당장 죽어버릴 것이오!
여 : 나는 물론 거절합니다.
그런 일이 있은 후 그 男子는 죽었다. 60년이 지나고 나서였다.

배반

한 여대생이 주유소 알바생 남자 외모와 인상이 너무 맘에 들어서 관심 받으려고 매일 그 주유소에 가서 기름 1리터씩 샀는데,

어느 날
그 동네 연쇄방화 사건이 일어나자 그 주유소 알바생이 여대생을 용의자로 신고해 경찰서에 끌려감.

영어 실력

- 나는 어제 평소보다 좀 일찍이 집으로 돌아왔기 때문에 아내가 영국 남자와 함께 침대에 있는 못 볼 장면을 목격하고 말았네.
= 그래서 자네는 그놈에게 뭐라고 소리치며 따졌는가?
- 내가 영어를 단 한마디도 모르는데 그놈에게 무슨 말을 할 수 있었겠나?

씨받이

어느 날 이웃에 사는 농부가 찾아왔다. 중학교 1학년짜리 딸 영애가 마중 나왔다.
"아빤 지금 안 계신데요."
"하, 안됐구나. 아버지에게 직접 말씀드려야 할 일이 있는데……"
그 말을 듣더니 천진한 영애가 말을 하는 것이었다.
"아저씨! 씨받는 것이라면 다~ 알고 있어요. 말은 120만 원, 소는 100만 원 받아요."
농부는 쓴쓰레 웃으며 말했다.
"허허허, 뭐든지 아는구나. 하지만 그것과는 약간 다른 일이야. 사실은 우리집 딸년에게 네 오빠 석태가 자꾸만 집적거려서 말이야. 그 일로 아버지에게……."
끝까지 듣지도 않고 영애가 입을 열었다.
"어머나 아저씨, 미안합니다. 그건 역시 아버지가 아니면 모르겠군요. 석태 오빠의 씨를 받는 덴 얼마 드는지 아직 한번도 들은 적 없으니까요."

남편의 식성

첫날밤을 보내고 신랑이 아침상을 마주했다. 그런데 식탁 위에는 배춧속, 상추, 시금치 등 야채 종류의 반찬밖에 보이지 않았다.
신랑 : 왜 이렇게 야채뿐이지?
신부 : 당신 식성도 토끼와 같은지 어떤지 궁금해서요!

사고 이유

- 어쩌다가 이런 교통사고를 당했나?
= 운전을 하는데 갑자기 미니스커트를 입은 늘씬한 아가씨가 나타나는 바람에…….
- 저런! 한눈팔다 당했구만

= 그게 아니라 조수석에 있던 마누라가 내 두 눈을 양손으로 확! 가려버리잖아. 그래서…….

거꾸로

- 가자!
- 때가 왔다!
- 포기할
- 생각 마라!
- 승리는
- 우리의 것이다!
- 하찮은 무기를 봐라.
- 반드시 승리한다.
- 적들은
- 멍청이다
- 제군들 모두가!
- 살아남을 수 있다.
- 도망치는 자는
- 용서치 않겠다!
- 영웅이 되고 싶은자!

(위 글을 아래부터 위로 거꾸로 읽어 보세요)

--

남 : 우와~ 이 날을 기다리느라 목 빠지는 줄 알았어!

여 : 여보, 내가 떠나면 어떻게 할 거야?

남 : 그런 거 꿈도 꾸지 마!

여 : 나한테 매일매일 키스해 줄 거야?

남 : 응, 당연하지

여 : 당신 바람 필 거야?

남 : 미쳤어? 사람보는 눈이 그렇게 없어?

여 : 나 죽을 때까지 사랑할 거지?

남 : 응.

여 : 여보!

(위 글도 아래로부터 위로 거꾸로 읽어 보세요.)

아빠의 소원

엄마가 19세 된 딸을 불러놓고 이렇게 말했다.

"얘야, 오늘 병원엘 갔더니, 네 아버지께서 몇 년 사시지 못할 것 같다고 하시더구나."

"의사 선생님께서 그래요?"

"응, 아버지께선 네가 결혼해 손주를 볼 때까지 살아 있으면 좋겠는데, 지금 상태로는 어렵겠다고 눈물을 글썽

이시더구나."
"엄마, 저…… 어쩌다 임신 3개월이 됐는데, 그럼 그냥 낳을까요?"

앨범

어머니의 어릴 적 앨범을 보던 영애가 엄마에게 물었다.
"어라? 엄마, 이 해안가에 엄마 옆에 있는 잘생긴 남잔 누구야?"
엄마는 한숨을 쉬며 말했다.
"그건 30년 전의 아빠란다."
"이 사람이 아빠야? 그럼 우리집에 사는 대머리에 똥배 나온 남자는 누구야?"

남편의 오해

부인이 배가 아프다고 해서 한의사를 불러서 침을 맞게 했다.
"의원님 아랫배가 더 아픕니다."
"옷을 더 밑으로 내려보세요."
그때 방에 있던 고양이가 한의사 곁으로 다가왔다. 한의사는 고양이 털을 쓰다듬으며 중얼거렸다.

"참 털이 결도 좋구나. 이렇게 보드랍고 고운 털은 처음 보네."

그러고는 부인에게 침을 놓고 돌아갔다. 밖에서 궁금해 바짝 방문에 붙어 있던 남편은 한의사의 말을 엿듣고는, 그 후 다시는 그 한의사에게 왕진을 청하지 않았다.

분풀이

감정 기복이 아주 심한 어느 인터넷 소설 작가가 있었다.
그 작가분이 기분을 망치고 열 받은 어느 날,
블로그에 연재하던 소설 속 남자 주인공을 자궁암으로 죽였다고.

통화중

사무실에서 집에 전화하던 후배 사원이 짜증을 낸다.

"이 여편네는 전화 걸 때마다 통화 중이니 도대체 매일 누구와 통화하는 거야?"

"이 사람아, 뭘 그런 걸로 화를 내나? 난 말이야 집에 전화 걸 때마다 모르는 남자가 받거든. 그래서 난 항상 '실례했습니다, 전화 잘못 걸었습니다.' 하고 끊는다네!"

신혼 무죄

결혼한 지 얼마 안 되는 신혼부부의 아침 식탁에서 신부가 말했다.

신부 : 여보, 우린 똑같은 메뉴의 요리를 1주일 동안 내내 먹어야만 해요.

신랑 : 아니 그게 무슨 말이요, 하루 이틀도 아니고?

신부 : 미안해요, 내가 요리책에 있는 레시피 분량이 15인 분이었다는 것을 미리 알지 못했거든요.

육아휴가

1개월 육아휴가 다녀온 김 대리. 출근 첫날 점심 시간이 되자 부서 직원들에게 말했다.
"자, 맘마 먹으러 갑시다!"
그 말에 사무실 전 직원이 뒤집어졌다고.

엄마의 걱정

외출하려는 딸을 엄마가 붙잡아세우며
"상의가 너무 파이지 않았니?"
"괜찮아 엄마, 어차피 볼 것도 없어."
이렇게 대답하자 엄마는 딸을 붙잡고 걱정스럽게 한말씀하신다.
"그걸 사람들이 알게 될까 봐 그러지."

훈련중

군대 훈련소에서 교관이 수류탄 모형을 던지며 "수류탄이다!"라고 소리쳤다. 훈련병들은 즉시 바닥에 엎드리며 모두 몸을 피했다.

교관 : 너희 중에는 동료를 위해 수류탄으로 몸을 던지는 희생정신이 있는 자가 한 명도 없군.

교관이 모형 수류탄을 다시 던지며 "수류탄이다!"라고 소리쳤다. 이번에는 모든 훈련병이 수류탄 위로 몸을 덮쳤는데 한 명만 그대로 서있자,

교관 : 자네는 왜 가만히 서있나?

훈련병 : 한 사람은 살아서 보고해야 되잖아요!

술꾼

오늘 저녁도 남편이 술에 곤드레만드레 취해 집에 돌아왔다.

부인 : 나를 선택하든지 아니면 술을 선택하든지 지금 당장 결단을 내려욧!

남편은 뒤통수를 쓰다듬으며 좀 멈칫거리는가 싶더니,

남편 : 술은 많이 있소?

술안주

한 건장한 사나이가 술집에 들어와 창가 테이블에 앉았다.

"무엇을 주문하시겠습니까?"

"소주 3병에 맥주 4병이요."

"술 안주로는 무엇을 주문하시겠습니까?"

"소주 안주로 '맥주'를 시킨 거요."

다만 술이 적을 뿐

두 친구가 만나자 한 사람이 이렇게 말했다.

"내 차 안에 지금 젊은 아가씨 둘이 타고 있네, 우리 이들을 어디론가 데려가서 함께 즐길 생각이 없나?"

"그녀들의 생김새는 어떠한가?"

"못생긴 아가씨는 없다네. 다만 술이 적을 뿐이지."

"좋아, 어떻든간에 내가 한 번 그녀들을 직접 봐야겠네."

그는 차로 다가가서 아가씨들과 인사를 나누고 자세히 들여다본 다음, 차의 문을 닫고서 친구에게 돌아와 이렇게 말했다.

"미안하네, 내가 술을 아직 덜 마신 것 같아."

안전벨트

어제 시외버스 탔는데 원래 기사님들이

"안전 벨트 매주세요." 하면 거의 안 매는데
이번 기사님은 그냥 일어나서
"제가 운전을 잘못합니다." 하고 앉으시니 승객들 다 맴.

엄마와 딸

"엄마!"
딸이 밤중에 이렇게 외쳤다.
"무슨 일이니?"
2층에 계시는 엄마가 놀라면서 아래층 응접실로 내려왔다.
"엄마! 오늘도 밤 두시가 되었는데도 남편이 아직 집에 돌아오지 않고 있어요! 필경 애인한테 갔나 봐요. 이런 때 난 죽어버리고 싶어요."
"얘야, 너는 왜 그렇게 최악의 상황만 가정하냐? 그러지 마라, 아마도 그 녀석은 지금쯤 자동차에 치어 병원 응급실에 있거나, 아니면 영안실에서 전화가 올지도 모르잖니!"

있어야 할 곳

남편이 낚시하러 갔으나 고기를 못 잡고 돌아왔다. 아내가 물어보았다.
"물고기는 어디에 있어요?"
"물고기들이 있어야 할 강물에 있지!"
이튿날 남편이 직장에서 돌아와 식탁에 빈 접시만 놓고 앉아 있는 아내를 향해 이렇게 물었다.
"저녁 식사는 어디 있소?"
"저녁 식사가 있어야 할 식당에 있지요!"

원칙주의

나이 지긋한 두 사내들의 대화.
"당신이 재혼을 했다는 소문을 들었소."
"그렇소이다!"
"혼인을 축하합니다. 신부는 몇 살이지요?"
"18세입니다."
"당신 미쳤군요! 그렇게 젊은 여성과 결혼을 하다니."
"나는 나이를 먹을수록 더욱 원칙주의자가 되어가는 경향이 생겼습니다. 그래서 첫 번째 결혼도 18세 처녀와, 이번에도 원칙주의 경향에 따라 18세 처녀를 맞은 거요."

불변의 애정

- 나는 병태 씨와의 약혼을 없던 일로 했습니다. 왜냐하면 병태 씨에 대한 나의 애정이 변했기 때문입니다.
= 그런데 영애 씨, 당신은 약혼자가 선물한 다이아몬드 반지는 아직 손에 있지 않습니까?
- 물론이죠, 왜냐하면 반지에 대한 나의 애정은 변하지 않았기 때문입니다.

밤도둑 걱정

신혼부부가 피서지에 있는 특급 별장을 예약했다.

호텔 지배인은 이들 부부에게 객실 열쇠를 주며 이렇게 말했다.

"행복한 밀월여행을 축하드립니다. 하지만 혹시 밤 도둑들이 깊이 잠든 당신들을 깨우지 않기 바랍니다."

"지배인님, 밤 도둑 걱정은 하지 마세요. 제가 우리 신랑을 절대로 잠 재우지 않을 테니까요."

이번만은 아네요

어느 한 부부가 있었다. 그들에겐 두 명의 딸이 있었는데 아들을 갖고 싶어 노력을 했지만 매번 잘 안 되곤 했다.

몇 달을 노력한 뒤 드디어 그 부인이 임신을 하였고 정확히 아홉 달 후에 건강한 사내 아이를 낳았다.

기쁨을 못 이긴 그 남자는 아기를 보러 신생아실로 뛰어 갔다. 하지만 아기를 보자마자 남편은 너무 실망했다. 그렇게 못생긴 아기는 살면서 본 적이 없었기 때문이다.

그래서 그는 아내에게 이렇게 못생긴 아기의 아빠는 되고 싶지 않다,

지금 집에 있는 두 예쁜 딸들을 보라고 말하며 뭔가 의심하듯 아내에게 물었다.

"혹시, 당신 나 몰래 바람 피운 거 아니요?"
그러자 그 아내가 미소 지으며 들릴 듯 말 듯 입속에서 중얼댔다.
"이번만은 절대 안 피웠어요."

경찰과 목사

한 사내가 다른 친구에게 이렇게 얘기했다.
"내가 어제 소개받은 아가씨와 키스를 했는데 그녀는 즉시 경찰을 불렀단 말이야. 내가 상상이나 할 수 있었겠나?"
"나는 그보다 더 상상할 수 없는 일이 있었다네, 소개받은 아가씨에게 키스를 하려고 하자, 그녀는 즉시 주례를 부탁할 목사님을 불렀다네."

장모가 문제

한 남자가 아파트를 구입하기로 결정했다. 그래서 그에게 어느 정도 규모의 아파트가 필요한지를 물어보았더니, 그는 다음과 같이 대답했다.
"아내가 집안 청소 일 등으로 바빠서 장모를 찾아갈 수 없을 정도로 규모가 큰 아파트거나, 아니면 장모가 우리 집에 들어와 살자고 할 수 없을 정도로 규모가 작은 집을 구입하고 싶습니다."

방향

- 맙소사! 병태, 자네 무슨 일이야? 얼굴에 온통 멍투성일세. 자, 가자구! 내가 자네를 집으로 데려다 줌세.
= 자네, 정신이 있나? 나는 방금 집에서 간신히 빠져 나오는 길이라네!

순진한 남편

신혼부부는 지루하고 분주한 결혼잔치가 끝나자,
한밤중에야 겨우 신혼방 침대로 돌아 올 수 있었다.
갓 결혼한 신부는 피곤에 지쳐 신랑에게 이렇게 말했다.
"사랑하는 이여, 아시겠지요, 나는 하루 종일 식탁에서 음식을 제대로 먹지 못했어요. 당신이 뭐 먹을 것 좀 가져다 주시겠어요?"
신랑은 일어나 주방에 가서 음식을 찾아 그녀의 청을 들어주었다.

"음식을 좀 먹고 나니 이제 힘이 좀 생기는군요. 여보, 나는 이제 맥주를 좀 마시고 싶어요."

신랑은 다시 주방에 나가 힘들게 맥주를 찾아 가지고 다시 들어왔다. 맥주를 한 잔 마시고 나서 신부는 이렇게 말했다.

"여보 감사해요. 이제 먹고, 마시고 났더니 따뜻한 남자의 품이 그리워요."

그러자 신랑은 못 참겠다는듯이 발끈 성을 내며

"지금이 새벽 3시인데 당신을 따뜻하게 품어줄 남자를 어디서 찾아온단 말이요!"

실패는 실패

한 남자가 친구에게 하소연을 했다.

"나는 두 번 결혼에 실패한 사람일세."

"어떻게 실패했는가?"

"첫 번째 마누라는 도망을 쳤지."

"그럼 두 번째는?"

"두 번째 마누라는 죽어도 가지 않겠다고 버티네."

식사는 집에서

어느 부부가 공원을 산책하고 있었다. 남편은 한 늘씬한 아가씨를 물끄러미 쳐다보며 군침을 흘리기 시작했다. 부인이 그 모습을 보며 한동안 참고 있더니 마침내 이렇게 말했다.

"산책하면서 실컷 식욕을 당겨봐여, 식욕을. 결국 식사는 집에 가서 할 테니까."

의부증

의부증이 있는 부인이 아기를 출산했다. 가슴에 새로 태어난 아기를 안고 남편과는 조금도 닮지 않았다고 의심할 뿐만 아니라, 오히려 남편이 좋아서 쫓아다녔던 이웃집 언년이와 똑 닮았음을 지적하며 남편에게 사실대로 말하라고 따졌다.

의사의 처방

= 의사 선생님, 나는 아내와 수년 동안이나 계속해서 말다툼을 하고 있습니다. 어떻게 무슨 수가 없을까요?
- 이제부터는 길을 걸으세요. 하루에 10km 정도씩 걸으면 신경을 무디게 하는 데 도움이 될 겁니다. 그렇게 하고 2주일 후에 나에게 전화를 하세요.

2주일 후 의사에게 전화가 걸려 왔다.
- 의사 선생님, 선생님의 말씀대로 전화를 걸었습니다. 선생님의 충고가 건강에 도움이 되었습니다!
= 요즘은 부인과 다투지 않습니까?
- 물론이죠, 나는 지금 집으로부터 100km 떨어져 있는데 말다툼을 하다뇨.

분실의 원인

남편은 출장을 마치고 귀가하여, 아내에게 결혼 반지를 잃어버렸음을 고백했다.
"나는 이해를 못 하겠어요!"
아내는 격앙된 어조로 항의했다.
"어쩌면 결혼 반지를 잃어버릴 수가 있단 말이예요?"
"잃어버린 나보다 당신의 잘못이 더 커요! 내가 몇 달 전부터 내 호주머니가 터졌다고 말하지 않았소!"

남편과 차이

남편은 밤 늦게 귀가하자마자, 별채에서 잠을 자기 위해 누워 있었다. 한밤중에 아내의 외치는 소리가 들려서 아내에게로 달려갔다. 그 순간 창문을 넘어 어떤 남자가 도망가는 모습을 얼핏 볼 수 있었다.
"저 남자가 나를 성폭행했어요."
아내는 소리를 질렀다.
"당신은 왜 즉시 고함을 지르지 않았소?"
"나는 그 남자가 두 번째 또 다시 사랑 행위를 시도하려 하자 그때야 비로소 당신이 아니란걸 알았어요."

아내의 순종

남편이 술 친구와 함께 술에 취하여 귀가했다.
"또 술을 처마셨구만. '이런 미련 곰탱아!'"
아내가 외쳤다.
"남편에게 그런 막말을 하다니, 그 말 어디 두 번만 다시 되풀이해봐! 해보라구!"
"이런 미련 곰탱아!! 이런 미련 곰탱아!!"
"이보게 친구, 지금 보다시피, 아내가 얼마나 내 말에 잘 순종하는지 봤지?"
친구에게 크게 자랑했다.

옛날이나 지금이나

할아버지가 할머니와 함께 겨울철 저녁에 집안에 앉아 시간을 보내다가 할아버지가 말했다.
"여보 할멈, 우리 젊었을 때를 회상해 다시 한번 실행해 봅시다."
"그러죠."
할머니가 동의했다.
"내가 울타리 뒤편으로 가서, 젊었을 때 했던 것처럼 당신을 기다리고 있을테니까 당신이 날 보러 몰래 나와요!"
"그러죠."
할아버지는 밖에 나가 한 시간, 두 시간 기다렸다. 날씨가 어떻게나 추웠던지 아랫턱이 윗턱을 치고 있었다. 그러나 할머니는 소식이 없다. 할아버지는 화가 치밀어 집안으로 돌아왔다.
"당신 뭐하는 거야. 이 할망구야, 왜 나오지 않어?"
"어머님이 나를 놓아주지 않았어요."

무슨 얘기일까

남녀 몇이 버스 뒷좌석에서 이야기를 나누는 소리가 앞자리에 앉은 아가씨의 귀에까지 들려오자 그녀는 그만 얼굴을 붉혔다.
"그댄 큰 게 좋아, 작은 게 좋아?"
"저는 너무 큰 것은 싫어요. 맛도 한결 덜하고 입안에 가득하면 아무리 맛이 좋다고 해도 음미할 수가 없잖아요."
"그것도 그렇군. 그럼 중간쯤 크기가 좋단 말이지?"
대낮부터 대담한 이야기를 하는구나 생각하며 앞자리에 앉은 아가씨가 뒤를 돌아보자 남녀 몇이 바나나를 먹으며 나누는 얘기였다.

방콕이 좋아

- 내가 여행을 좋아하는 이유를 당신이 만약에 알고 싶다면, 그것은 여행이 나의 인생에서 가장 멋있고 신나는 순간과 연결되어 있기 때문이지.
= 당신은 여행을 가본 일이 없잖은가?
- 대신에 내 아내가 여행을 자주 가거든, 그때는 나 혼자 집에 있게 된단 말이네. 내게 가장 신나는 순간이지.

이제 그 이유를 알겠나?

방황의 이유

남편이 변호사를 찾았다.
- 나는 아내와 이혼을 하고 싶습니다.
= 무슨 일이 있었습니까?
- 그녀는 매일 밤 맥주홀과 바를 헤맵니다.
- 아내가 그정도로 주정뱅이 술꾼입니까?
= 아닙니다, 실은 나를 찾아 헤맵니다.

오래 사는 이유

외출중 거리를 걷다가 아내가 남편에게 물었다.
"왜 여자가 남자보다 오래 살까요?"

그러자 남편이 약간의 웃음을 띠며 대답했다.
"그거야 여자에게는 아내가 없어서 밤낮 바가지 긁는 잔소리를 듣지 않기 때문 아니겠소."

버릇

선박이 난파되어 침몰됐다. 살아남은 남편은 있는 힘을 다하여 외딴 섬까지 헤엄쳐 갔다. 역시 기적적으로 구조된 부인이 그 섬에서 남편을 맞이하였다.
"당신은 하루 종일 어디서 빈둥거리느라고 이제 오는 거요? 선박은 어제 침몰했는데!"

천상의 선물

- 의사 선생님, 제 남편은 정신분열증 증세가 심각합니다. 가끔씩 나는 그 무엇인가를 남편에게 몇 시간 동안이나 이야기를 해주었지만, 그이는 나중에 단 한마디도 듣지도, 기억나지도 않는다고 합니다.
= 존경하는 부인, 그것은 병이 아닙니다. 그것은 하느님의 선물입니다!

날짜라도 정확히

자신의 전공보다는 플레이보이 기질이 있는 의대생은 매일 데이트에 열중하느라 이번 기말고사가 닥친 줄도 몰랐다.

학교에 가니 첫 시간부터 전공 시험지가 책상 앞에 놓여졌다. 답안지를 한동안 노려보던 그는 얼만가 시간이 지나자 손을 들어 시험감독 교수에게 질문을 했다.

"교수님 오늘이 며칠입니까?"

"오늘이 며칠이든 그게 무슨 상관이란 말인가? 답안 작성이 더 중요해!"

교수가 핀찬을 주었다.

그러자 그 학생은 말했다.

"하지만 교수님, 이름 외에 뭔가 하나쯤은 정확한 걸 써 넣고 싶어서 그렇습니다."

아내의 배려

직장 친구 사이의 대화이다.

- 내 아내는 매력적이지. 저녁에 내가 직장에서 돌아오면 그녀는 나에게 키스를 해주고, 신발도 벗겨주고, 외출복을 벗겨주며 실내화까지 신겨주거든. 그리고 고무장갑까지 끼어준다네.
= 고무 장갑은 왜?
- 고무 장갑을 끼면, 더 편하게 설거지를 할 수 있거든.

미안한 이유

석철이는 아내에게 이렇게 말했다.

"병태에게 미안해 죽겠어, 아주 이만저만 미안한 게 아니야."

"무슨 일이 일어났어요?"

아내가 물으니까 석철이 대답했다.

"병태는 벌써 그의 부인 장례식에 나를 세 번이나 초대했는데, 나는 아직 그를 한 번도 초대하지 못했으니까."

사건의 시각

남편은 아침에 일어나 거울을 보면서, 아내에게 양해를 구하듯 더듬거리며 말했다.
"내가 어제 밤늦게 술에 만취한 채로 내 얼굴이 이렇게 시퍼렇게 멍들어 가지고 집에 들어온 것에 대하여 당신이 놀라지 않기를 바라오."
"물론이죠, 그리고 당신이 어젯밤 술독에 빠져 집안에 발을 들여놓을 때까지만 해도 얼굴이 말짱했다는 사실에 대해서도 당신이 놀라지 않기를 바래요."

깊은 뜻

술집 카운터에서 은행원 두 명이 맥주잔을 앞에 놓고 이야기하고 있었다.
"나는 그 도둑이 은행 금고에서 돈과 귀중품을 가져간 것은 이해가 가지만, 왜 그 후에 은행장의 부인마저 데리고 사라져 버렸는지는 이해가 가지 않는군."

"왜냐고? 내 예상대로라면, 그것은 은행장으로 하여금 그 도둑을 찾지 말라는 뜻 아닐까?"

처음은 다 그래

부인은 강아지에게 뒷발로 일어서는 것을 가르치고 있었다. 그녀의 시도를 남편은 말렸다.
"여보, 당신은 결코 성공하지 못할 거요."
"잔소리 말아요! 당신도 처음에는 말을 듣지 않았어요."

결혼식 날

순진한 총각 두 명이 만나 얘기한다
"당신은 언제 결혼한댔지?"
"6월 21일로 날짜를 잡았네."
"그날은 1년 중 가장 밤이 짧은 하지날 아닌가?"
"맞네, 나는 겁이 많거든. 선배들 얘기가 결혼하고 나면 긴 밤이 가장 무섭다고 해서……"

원인 제공자

어느 고객이 변호사에게 이혼 수속을 맡아줄 것을 요청하였다.
"당신은 왜 이혼을 원합니까?"
변호사는 물었다.
"나는 더 이상 참을 수가 없습니다. 저의 아내는 아침이 돼서야 잠자리에 드는 나쁜 습관을 가지고 있습니다."
"그녀는 밤새도록 무엇을 합니까?"
"나를 기다립니다."

상상의 차이

남편을 두고 떠나온 아내가 친정 어머니에게 집을 나오던 때 상황을 말했다.

"제가 떠나자마자, 집안에서 총성에 가까운 소리가 들렸어요"

"너는 어떻게 생각하느냐, 그가 자살한 게 아닐까?"

"저는 그가 너무 신나서 샴페인을 터트렸다고 생각해요."

이혼의 사유

두 남자 친구가 만나서, 한 사람이 이렇게 말했다.

"자네와 만나지 않은 동안에, 나는 세 번이나 이혼했네."

"이혼 사유는?"

"첫 번째 아내는 교사였는데, 내가 사랑을 할 때마다 그녀는 '되풀이, 되풀이.'를 요구했어."

"학습 효과는 복습이 제일 좋다고 했으니까."

"두 번째 아내는 지질학자였는데 내가 그녀를 사랑할 때마다 그녀는 '더 깊이, 더 깊이.'를 요구했어."

"지표면보다는 깊은 속살에 대한 호기심이 많은 태도였지 않겠나."

"세 번째 아내는 얼치기 서툰 화가였는데, 내가 사랑을 할 때마다 그녀는 이렇게 말했어. '오늘 끝내려고 서두르지 말아요, 여보. 오늘 끝내려고 서두르지 말아요, 여보.'"

"그건 복이었네, 복!"

화목한 나의 비법

한 남자가 마누라 괄시를 받다 못해 친구들에게 물었다.
"어떻게 하면 다투지 않고 화목한 가정을 이룰 수 있는가?"

그러자 첫 번째 친구가 말했다.
"나의 비결은 민주적인데 있지. 내 의견과 아내의 의견이 같으면 아내가 나에게 복종하고, 의견이 같지 않으면 내가 아내에게 복종하지."

이번엔 두 번째 친구가 말했다.
"나하구 부인은 평등하다네. 제가끔 일을 맡아하지. 내가 맡은 건 응접실과 침실, 주방 청소고 부인이 맡은 건 파출부와 나를 관리하는 걸세."

그러자 세 번째 친구가 말했다.
"나는 독재를 주장하네. 우리 집에서 큰일은 다 내가 하고 마누라는 자질구레한 일만 하네. 그런데 지금까지 우리집엔 큰일이 한번도 안 생겼고 그저 마누라가 해야 할 자질구레한 일뿐었다네."

부탁

큰 길가 도랑에 어떤 사나이가 큰 대자로 쓰러져 있었다. 곧 병원으로 후송되었고 응급 수술실 천장엔 환한 불이 켜졌다. 수술 전에 젊은 인턴이 사나이의 옷을 벗기자, 상의 안쪽 주머니에 한 장의 종이가 핀에 꽂혀 있었다. 무슨 내용인가 펼쳐 읽어보니 거기에는 이런 내용이 씩어 었었다.

〈의료 직종에 종사하는 모든 분에게〉
"나는 지금 술을 과하게 마셨을 뿐입니다. 이대로 잠자게 내버려두십시오. 맹장을 떼내려 하지 마십시오. 당신들이 지난 여름에 벌써 한 차례 내 맹장을 제거해 버렸습니다. 나머지 장기는 부디 건들지 마시기 바랍니다. 제발 부탁입니다."

어느 쪽이 형

지난해 X-mas때 쌍둥이 형제가 한날 한시에 교회에 등록을 했는데, 하도 노래실력이 좋아 함께 성가대원으로 임명된 쌍둥이 형제 중 금년 성탄에 한 사람만 서리 집사로 임명이 되었다.
전도사님이 궁금해서 물었다.
"목사님, 왜 한 사람만 집사로 임명했습니까?"
"만난 지 일 년이 다 되었는데도, 아직도 누가 누군지 구별이 안 되잖아. 이제는 '김 집사' 하고 부르면 '네.' 하며 대답하는 쪽이 형이야."

오랜 버릇

- 놀라운 일이야, 어떻게 너의 친한 친구가 너의 남편을 넘보며 유혹했을까?
= 놀라울 것 없어, 그건 그녀의 오랜 버릇이야. 함께 학교 다닐 때도 바로 내 등뒤에 앉아 내 답안지를 늘 훔쳐보았거든.

공통점

연말에 모처럼 쇼핑을 나간 부부에게 TV 기자가 인터뷰를 요청해 왔다.

기자 : 부인은 남편과 20여 년이 넘도록 함께 살면서 공통된 점이 뭐라고 생각하세요?
그러자 부인이 잠시 생각하더니 말했다.
부인 : 우리 부부는 '결혼 날짜가 같은 것' 외에는 아무 것도 공통점이 없어요.

부러운 눈초리

머리가 자꾸 빠져 고민인 목사님이 초등학교 동창이자 절친인 스님을 만났다.
"우린 참 좋아, 머리 빠져도 걱정 안 해도 되고."

목사님이 부러운 눈초리로 친구인 스님을 보며 말했다.
"어디 그것뿐인가? 자네는……기력이 빠져도 걱정 안 해도 되잖아!"

사업번창

신부님의 만류에도 불구하고 돈을 좋아하는 성당 신자 중의 한 명이 맥주집을 개업했다. 신부님이 개업식에 초청을 받아 가면서 빨간 포인세티화 화분을 선물로 갖고 갔다.

"네 시작은 미약하였으나 네 나중은 창대하리라"

신부님은 화분을 주며, 성경 구절처럼 사업이 번창하길 빈다고 말씀하셨다.

선물을 받아 든 맥주집 사장이 감사하다고 대답을 한 후에 한 가지 질문이 있다고 신부님께 물었다.

"신부님, 이 맥주가게가 성경 말씀처럼 나중에 창대하게 되면 어떻게 될까요?"

신부님은 잠시 망설이더니 이렇게 대답하셨다.

"아마 '룸 살롱'쯤 아닐까!"

명의 예언

병태가 석구에게 말했다.

"그 의사가 2주일만 지나면 두 다리로 걸을 수가 있다고 내게 말했단 말이야."

"그렇게 될까? 정말로."

"정말이야, 그 의사는 소문난 명의야. 하여간 2주일이 지나면 진료와 치료비 청구서가 오게 돼 있어, 그렇게 되면 청구 금액을 갚기 위해 나는 차를 팔지 않으면 안 된단 말이야. 그러면 나는 두 다리로 걸어 다닐 수밖에……."

제가 한 일 아니예요

복도를 걸으며 김 대리는 박 부장과 대화를 했다.

"이렇게 큰 계약을 따냈으니 모두들 놀라겠죠? 부장님."

"당연하지, 깜짝 놀래켜 주자구!"

입사 2년차인 김 대리는 회사 선배 박 부장과 기뻐하며 사무실로 들어섰다.

그런데 기다렸다는 듯이 "대리님 축하드려요." "김 대리, 드디어 해냈구나!" 등 소리치며 모두 박수로 맞아 주었다.

그리고 국장님은 손을 내밀며 김 대리에게 악수를 청했다.

"축하하네, 김 대리."

"아니, 제가 한 게 아니예요. 전부 박 부장님이 하셨고, 이번 일은 전 옆에서 보고만 있었는걸요."

김 대리가 쑥스러워하며 말하자 직원들 모두가 표정이 얼어붙었다.

국장도 표정이 굳어지더니 내민 손을 이번엔 박 부장에게 악수를 청하며 하는 말.

"박 부장, 축하하네. 김 대리 부인이 애기를 낳았다고 방금 산부인과에서 전화가 왔네."

기강 잡기

앞가슴을 다친 남자 교사가 상체 전부를 깁스해야 했다.
셔츠를 입으면 깁스는 전혀 눈에 띄지 않았다.
새학기 첫날 아직도 깁스를 하고 있는 그에게 배정된 학년과 학급은 학교에서도 난폭하기로 이름난 최대 골칫덩어리들이 있는 학급이었다.
시끄러운 교실로 당당하게 걸어 들어온 선생은 창문을 활짝 열어놓고 공부를 시작했다.
그런데 마침 그때 바람이 세차게 불어 들어와 넥타이가 펄럭이자 '호치키스'를 들고 넥타이를 가슴팍에 댄 다음 한방에 콱! 찍어 넥타이를 고정시켰다.
그 일이 있은 후로 그 선생님은 기강 문제로 속 썩는 일이 없이 한 학기를 무사히 끝냈다.

실수

한 장군이 여러 날 전투를 치르고 성으로 돌아왔다.
왕이 장군의 노고를 칭찬하며 물었다.
"수고 많았소! 그래, 다친 데는 없소? 성과는 어떻소?"
"폐하! 폐하의 영광을 위하여 서쪽 부족을 쳐들어가

불태우고 완전히 병사들을 전멸시키고 돌아왔습니다."
"뭐라고?? 난 동쪽 부족을 치라고 지시했는데……. 서쪽에는 우리의 적이 없지 않소."
그러자 당황한 장군이 엉겁결에 말했다.
"폐하, 그럼 이제 서쪽에 적이 생겼습니다!"

천생배필

마음 못된 것은 용서해도 얼굴 못생긴 것은 용서 못한다고 늘 입버릇처럼 말하던 마을 청년에게 이장님이 예쁜 아가씨를 소개시켜 주었다.
청년은 눈이 휘둥그레지며 이장님께 작은 소리로 말했다.
"이장님! 저렇게 예쁜 여자를 왜 이제야 소개시켜 주는 거예요?"
"윗마을로 이사온 지 닷새밖에 안 됐어."
그러자 청년은 이장님께 귀엣말로 말했다
"이장님, 이 은혜를 평생 잊지 않을게요."
그러자 이장은 큰 소리로 말했다.
"그렇게 작은 소리로 속삭일 필요 없어. 저 여잔 가는 귀를 먹어 잘 못 들어. 말 많은 자네에겐 천생 배필이니 잘 사귀어봐!"

십일조

어느 날 쌍둥이 형제가 목사님을 찾아와 물었다.

"목사님, 어젯밤 우리 둘이 같이 꿈을 꾸고 일어났는데, 형은 밤새도록 천사들과 함께하는 꿈을 꾸었고, 저는 밤새도록 사나운 맹수들에게 쫓기는 꿈을 꾸었습니다. 어떻게 이런 일이 일어날 수 있습니까?"

목사님은 나무라는 투로 말했다.

"당신은 십일조 안 하잖아!"

파트타임 잡

북한으로부터 목숨을 걸고 탈출해온 청년 한 명이 서울에서 공장에 취직해 일을 시작하게 되었다. 사장은 작업 내용을 설명해 준 뒤, 1주일에 5일간, 1일에 8시간씩만 일해 달라고 했다.

탈출을 감행해 온 북한 청년은 핏대를 세우며 항의하기를, "사장님, 난 생명을 걸고 도망쳐 나온 놈입니다. 그런 내게 월급 아끼려 파트타임 노동을 하라 하십니까!"

모델

어느 초등학교 미술 시간이었다. 선생님이 인물화 한 장을 그려 오라는 숙제를 냈다. 병구는 누구를 그릴까 고민하다가 친구인 짱구를 그리기로 했다. 다음 미술 시간에 병구는 만족한 마음으로 미술 숙제를 제출했다.

그런데 선생님이 그 그림을 펴 보이며 하는 말.

선생 : 병구야, 그림이 이게 뭐야? 얼굴이 너무 크고, 주름이 많아. 그리고 얼굴 균형이 맞질 않아. 마치 우주인 같아. 30점이야!

병구는 너무 억울했다. 그래서 다음 날 모델을 삼았던 짱구를 데리고 선생님께 갔다.

짱구의 얼굴을 유심히 살펴본 선생님 말.

선생 : 음. 내가 오해를 했구나. 미술 점수가 잘못됐다. 병구야, 넌 100점이다!

나한테 온 전화

한 의사가 동료에게 이렇게 이야기를 했다.

"지난 밤에 문득 전화가 걸려 왔는데 마침 스피커폰이 켜져 있었네. 상대방 남자는 내 말은 한마디도 듣지 않고 다짜고짜 '지금 나에게 와 주세요. 그렇지 않으면 나는 죽을지도 모릅니다!' 하기에, 응급 환자로 착각하고, 내가 그 남자의 주소를 물어보려고 하자, 아내가 내 전화를 뺏으러 달려오면서 뭐라 했는지 아나?

'그 전화는 나한테 온 전화예요!' 하는 거야."

변호사 만나봐

한 달 만에 교회에 나온 여전도회 김 집사를 보고 목사님이 깜짝 놀라며 물었다.

"아니, 얼굴이 왜 이래?"

"얼굴이 마음에 안 들어서 그동안 정리 좀 했어요. 2천 정도 들었어요."

목사님이 뒤돌아서면서 말했다.

"가서 서초동 박 집사나 만나 봐!"

"왜요? 그 사람도 성형외과 의사예요?"

"아니, 변호사야. 얼굴 상태를 보니까 곧 돈을 도로 찾아야 할 것 같아서."

불임 비법

앳되고 순진한 아가씨가 의사에게 와서 물었다.

"선생님, 선생님은 임신하지 않는 방법을 아시지요?"

"물론 알고 있어요. 한 컵 가득히 와인을 마셔요."

"전에 말입니까, 후에 말입니까?"

"아니오, 전도 후도 아니오. 대신해서요."

모기의 태도

모기가 죽어서 옥황상제 앞에 갔다. 매번 모기들은 처참하게 피 터져 죽는 것이 너무 억울했다.

모기 : 옥황상제님, 사람들이 파리는 죽이지 않고 그냥 손으로 쫓기만 하는데, 왜 우리 모기는 꼭 피가 터지게 때려 죽이나요? 너무 불공평한 일입니다. 너무 억울합니다. 흑흑흑

그러자 옥황상제께서 하는 말.

옥황상제 : 파리는 항상 손으로 싹싹 빌고 있잖니!

다 똑같아!

어느 날 저녁 석철네 집에 아빠 친구분들이 집들이를 왔다. 그래서 7살짜리 석철이가 저녁식사 후에 후식 나르는 일을 도와 드렸다.

와~ 그런데 요즘 보기도 힘든 수박이 나왔다!

석철이는 엄마가 부엌에서 맨 처음 자른 수박 조각 하나를 접시에 담아들고 와서 아빠 앞에 놓았다. 그러자 아빠는 그것을 옆에 있는 손님에게 밀어줬다.

석철이는 또다시 수박접시 하나를 들고 나와 아빠 앞에 놓았다. 그러자 아빠는 또다시 그것을 옆 사람에게 밀어주었다.

그러자 석철이가 아빠 귀에 대고 속삭였다.

"아빠, 그냥 먹어, 다른 것도 크기가 다 똑같아!"

정숙한 부인

한 남자가 휴양지에서 여성을 단체로 찍은 사진을 친한 친구에게 펼쳐 보여주며 자랑했다.

"나는 휴양소에서 장기간 투숙하는 동안 이 여자들과 한 사람씩 다 사랑해 보았어."

친한 친구는 사진을 들여다보더니 그 속에 지난번에 혼자 휴양 떠났던 자기 아내가 있음을 보고, 가슴을 조이면서 이렇게 물었다.

"이 사진 앞줄 가운데 하얀 모자를 쓴 여자와도 역시 사랑을 나눠 봤나?"

"아니야, 그 여자는 내가 사랑을 나누지 못한 유일한 부인일세. 이곳 휴양지에 올 때도 남편과 동행해 함께 왔고, 떠날 때도 남편과 함께였네."

밀당

병태는 매일 밤 똑같은 꿈을 꿨다. 자신이 중세의 기사가 되어서 기사복을 입은 채 세기의 미녀들이 가득한 성문 앞에 있는 것이다. 그런데 성문을 아무리 열려고 밀어도 결코 열리지 않는 꿈을 날이면 날마다 꾸었다. 병태는 괴로웠다.

"크흐! 문만 열 수 있다면 들어가서 절세 미녀들과 맘껏 즐길 수 있을 텐데……."

그래서 병태는 어느 날 날이 밝자 꿈 해몽에 신통력이 높다는 '붕붕도사'를 찾아가 꿈 속의 성문을 여는 비법을 물었다.

최고의 꿈 해몽 도사답게 그는 쉽게 방법을 알려주었다.

"오늘밤 꿈꿀 때 성문 오른쪽 기둥 끝을 보아라. 그곳에 빨간 쪽지가 붙어있을 테니 거기에 적혀 있는 대로만 하거라."

그날 밤도 병태는 성문 앞에서 서성이는 꿈을 꿨다. 오늘도 창문엔 미녀들이 나와 그에게 미소를 보냈다. 도사의 가르침이 생각나서 기둥 위쪽을 보니 빨간 쪽지가 붙어 있었다.

얼른 떼어내서 펼쳐 보니,

"왜 밀어? 당겨야지!"

동침 불가

한 번은 이러한 일이 있었다.

어느 여인이 경찰서장을 상대로 소송을 제기하였다. 그

녀는 자신의 아이가 경찰서장의 애라고 주장했다.

재판관이 그 여인 옆에 서있는 경찰서장에게 물었다

"당신은 이 여인과 동침하여 함께 잠을 잔 일이 있는가?"

경찰서장은 단호히 이를 부인하였다.

"절대 아닙니다! 재판관님, 이 여인과 함께 밤을 보낸 적은 있었으나 잠을 잔 적은 없습니다. 단 1 분도 눈을 못 붙이게 했습니다."

그는 누구일까요?

"행복 가정, 공정 사회"를 지양하는 공익단체에서 현상금을 걸고 보다 성실하고 품행 단정한 남성을 공모했다. 전국 방방곡곡에서 몇 백 통의 편지가 쇄도했는데 그 중에 이러한 내용도 있었다.

"저는 한 방울의 술도 마시지 않으며 담배도 피우지 않습니다. 집 앞에 문지기를 두어 여자와도 만나지 않습니다. 매일 열심히 작업일지에 따라 일하고 밤에는 일찍 자고 아침에는 일찍 일어나며 물론 외식도 안 합니다. 이러한 규칙적인 모범생활을 오늘까지 9년이나 계속하고 있습니다. 그러나 이 생활도 1년밖에 남지 않았습니다. 내 형기는 10년이거든요."

전봇대

호기심 많은 강아지 한 마리가 달나라 여행을 하고 싶었다. 그래서 우주선이 발사되는 곳에 가서 우주선 속으로 몰래 숨어들었다.

드디어 우주선이 성공리에 발사되고 달에 무사히 착륙하게 되었다. 기분이 너무 좋은 강아지는 여기저기 달 표면을 신나게 돌아다니며 즐겼다.

그런데 얼마 후 강아지는 죽은 채 발견되었는데, 이유는 오줌보가 터졌기 때문이었다. 왜냐하면 달에는 전봇대가 없었기 때문이었다.

남편의 관점

남편이 아내에게 말했다.
"당신이 동전을 준 그 시각장애인 거지는 혹시 가짜가 아니요?"
"어째서 당신은 그렇게 생각하나요?"
"왜냐하면 '감사합니다, 참, 미인이십니다.' 라고 말했소!"

뭔 짓

어느 미용실에서 남자 손님이 머리를 자르고 있었다.
그런데 여자 미용사가 거울을 보니 이 남자가 눈을 게슴츠레 뜨고 목에 두른 큰 가운 밑으로 손을 넣더니 한쪽 손을 열심히 위아래로 흔드는 게 아닌가.
변태가 아닌가 하는 생각이 들었지만 계속 머리를 자르면서 보니 이번엔 두 손을 다 집어 넣고 너무나도 열심히 흔들어 가운이 펄럭일 정도가 아닌가.
황당하고 놀란 미용사는 손에 잡히는 제일 단단한 물건을 들고 남자의 머리를 내리치며 "변태야!" 하면서 도망을 갔다.
잠시 후 경찰을 대동하고 들어와서 경찰관이 기절해 있

는 남자를 깨우곤 물었다.

"당신, 뭔 짓 한 거야? 성추행을 했다며?"

남자가 대답했다.

"제 안경이 하도 더러워 가운 밑에서 안경을 열심히 닦고 있는데 갑자기 뭐가 번쩍하고 저는 기절했습니다."

단체 컨닝

병태네 반 아이들이 뜻을 함께 모아 기말 수학 시험에 커닝을 하기로 했다. 제일 공부잘하는 학생의 답을 보고 쓰기로 했는데, 바로 뒤에 앉은 영수가 자신있게 넘겨다 보며 커닝을 했고 반 전체에 정답이 돌았다.

그 답은 '1004' 였다.

그러나 시험시간이 끝난 후, 채점하던 학생들이 '헉!' 하고 쓰러졌다.

그 이유는 정답이 'log4' 였기 때문이다

통하는 사이

전직 피아니스트인 택시 기사는 첼로를 안고 바삐 허둥대는 첼리스트 앞에 택시를 세웠다.

택시기사 : 손님 목적지가 어디십니까?

첼리스트 : 예술의 전당으로 가야 하는데, 지금 시간이 급하거든요.

택시기사 : '안단테'로 모실까요? 아니면 '알레그로'로 모실까요?

첼리스트 : '비바체'로 가주시면 좋지요! 연주 시간에 늦으면 안 되거든요.

택시기사 : 도로 상황을 봐서 '비바치시모'로 가도 되죠?

첼리스트 : 물론입니다, 저야 감사하죠!

반환

한 남자가 고속도로에서 차를 난폭하게 몰고 있었다. 시속 120km를 넘기고 막 130km로 접어드는 순간, 아니나 다를까 순찰차가 사이렌을 울리며 따라오는 것이었다. 순찰차를 따돌릴 수 있으리라 생각한 사나이는 시속 150km를 밟아도 계속 따라오자 결국 차를 멈추고 말았다.

경찰관이 다가와서 물었다.

"당신, 정지신호를 무시하고 엄청난 속도위반을 하며 도망간 이유가 뭐요?"

그러자 사나이가 긴 한숨을 쉬며 대답했다.

"제 마누라가 경찰하고 눈이 맞아서 도망을 갔습니다."

"그게 당신이 검문에 불응하고 도망친 것과 무슨 관계가 있소."

그러자 사나이가 대답했다.

"죄송합니다만, 전 그 경찰관이 제 마누라를 돌려주려고 따라오는 줄 알았습니다."

걸인이 가진 것

성당 안에 한 걸인이 들어왔는데, 외모가 너무 더럽고

인상도 좋지 않아서 그 자리에 있던 여러 명의 교인들은 자리를 피했다.

때마침 신부님이 들어오셔서 그 걸인을 성당 앞마당의 한쪽으로 데리고 갔다. 그가 신부님께 무슨 말을 하자 신부님께서는 주머니에서 지갑을 꺼내 지갑채 그 걸인에게 줬다.

교인들은 이 광경을 보고 감탄했다. 신부님께서 걸인을 조용히 성당 밖으로 내보내자 교인들이 다가와 물었다.

"신부님, 그 걸인이 뭐라고 하던가요?"

신부님은 아직 떨리는 목소리로 이렇게 말했다.

"자기는 너무 가난하대! 그래서 지금 가진 거라고는 식칼 한 자루밖에 없대!"

불통과 통화력

외국인 회사에서 외국어에 능통한 신입사원 채용 최종 면접을 실시했다.
첫 번째 왼쪽에 앉은 응시생에게 회사 대표인 면접관이 물었다.
"외국어 할 수 있는 거 있나요?"
"네, 지난번 행사 때 미국 대사 측근하고 영어로 대화를 나눈 적이 있을 정도로 영어 회화는 자신 있습니다."

여성 면접관은 만족스러운 표정을 지으며 두 번째 응시생에게 고개를 돌렸다.
"자신 있는 외국어가 뭔가요?"
"일본어입니다. 지난해 일본총리가 한국에 왔을 때 수행원하고 대화를 나눌 정도의 일어 실력은 가지고 있습니다."

오른쪽에 앉았던 병태 차례가 되었다. 여성 면접관이 역시 같은 질문을 했다.
"외국어 할 수 있는 거 있나요?"
"네, 몇 해 전 한국 기자단들과 동행해서 북한에 가서 그쪽 최고위 수행원이랑 여러가지 대화를 나눈 적이 있습니다."

면접관의 인상이 밝아졌다. 고개를 끄덕이며 병태 실력을 인정한다.

"대단한 회화 실력이군요! 그쪽 사람들은 워낙 불통이라서 웬만해선 말이 안 통한다고 알고 있는데 대단하군요. 함께 일해봅시다."

혹시나 해서

절룩거리는 당나귀를 타고 가던 사나이가, 말타고 오는 사람에게 말했다.

"선생, 한 가지 부탁이 있는데, 내가 지금 타고 있는 당나귀와 선생의 말과 바꿨으면 하는데요."

"아니? 당신 바보 아니요?"

"아니요. 난 당신이 혹시 바보가 아닌가 해서 한 번 던져 본 것이요."

소질

- 장래에 화가가 될까, 시인이 될까, 몹시 망설여지는군.

= 화가가 되지 그래.
- 내 그림을 본 적 있어?
= 아니, 너의 시를 읽어 보았지.

계산

"아주머니 올해 나이가 어떻게 되시죠?"
동회에서 나온 20대의 인구 조사원이 주인 여자에게 물었다. 흰 머리카락이 보이는 주인 여자가 대답했다.
"계산 좀 해봐야겠군요. 제 나이 20세때 남편과 결혼했는데 때 남편은 30세였죠. 남편이 지금 60세니까 꼭 두 배인 셈이죠. 내 나이도 20세의 두 배이어야 하니까 올해 꼭 40세로군요."

나야 나

구두쇠가 돈 꾸러미를 땅속에 묻으면서 중얼거렸다.
"남들이 너를 땅에서 캐내면 넌 뱀이 되거라."
그 모습을 큰 바위 뒤에 숨어서 엿본 평판 나쁜 동네 청년이, 나중에 돈 꾸러미를 꺼내고 대신 뱀을 넣어 놓았다. 이윽고 구두쇠가 돈을 꺼내려고 땅을 파니 뱀이 나오는 것이 아닌가.

"이 녀석아, 나야 나! 정신 반짝 차리고 날 쳐다보라고, 글쎄. 남이 아니고 돈 꾸러미를 묻은, 바로 니 주인인 나라니까!"

가계부와 불고기

덕배와 영애는 신혼부부다. 3개월쯤 지나자 처음에는 사랑을 나누는 게 쑥스러워하던 영애가 적극성을 띠었다. 그래서 덕배가 말했다.

"이제 당신이 먼저 사랑을 나누자고 말해도 괜찮아."

그 말에 영애는 얼굴이 빨개졌다.

"안돼요, 부끄러워서 절대 그런 말 못 해요."
"그래, 그러면 이렇게 하자. 당신이 사랑을 하고 싶으면 저녁 메뉴를 불고기로 하는 거야."
영애가 깜짝놀라 말했다.
"안돼요, 집안 살림도 생각해야죠. 어떻게 매일 저녁 불고기를 먹어요?"

젊은 날의 회상

나이 먹은 할머니가 젊었을 때부터 한 성자상(聖者像)에 특별히 열심이어서 40년간 밤낮으로 기도를 올렸다.
그런데 그 성자상이 몹시 낡았으므로, 성당의 신부님이 새것으로 바꾸었다. 낡은 성자상은 마당 한 구석에서 비바람을 맞는 처량한 신세가 되었다.
할머니는 그것을 애처롭게 여기고, 어느 날 물동이랑 솔을 마련해 가지고 발판에 올라서서 정든 성자상을 깨끗이 닦았다.
그런데 일을 끝내고 발판에서 내려오려고 하는데 할머니 치마가 성자상의 팔에 걸려서 배꼽 위까지 드러났다. 할머니는 화가 나서 험한 말을 퍼부었다.
"아이구 이 색골 영감탱이가! 나같은 늙은이를 다 넘겨다보다니! 40년 전부터 가까이했지만, 젊었을 땐 거들떠보지도 않더니!"

할머니는 헛되이 흘러간 젊은 날을 회상하며 그 자리에서 물동이에 남아 있던 물을 성자상을 향해 냅다 쏟아 부었다.

매듭

영애가 영험한 도사를 찾아가 푸념을 하였다. 남편이 자신을 돌보지도 않고 딴 여자에 빠져 헤어나오지 못하는데 무슨 수가 없겠느냐는 것이다. 도사는 잠시 생각을 하다가 무릎을 탁 쳤다.

"됐소, 그럼 바깥양반의 그것을 매듭을 지어 보시오. 오늘 밤에 안 되면 내일 밤에 또 해 보시오. 알겠소?"

영애는 그날 밤 남편이 잠자리에 들자, 도사의 처방대로 남편의 그것을 움켜쥐고서 매듭을 지으려 애를 쓴다. 깜짝 놀라 일어난 남편이 소리쳤다.

"아니 갑자기 이게 무슨 짓이야! 아프다니까!"

"매듭을 지어 보려구요."

남편은 어처구니가 없어 웃어 버렸다. 물론 매듭이 지어질리는 없는 노릇. 매듭은 고사하고 물건이 얄궂게 되어

버렸다. 남편은 저도 모르게 영애를 끌어안았다. 물론 사양할 영애가 아니었다. 한 번 끝나자 또 매듭을 지어보려고 시도를 했다. 이러해서 둘이 밤을 꼬박 새어 버렸다.

그 후 밤마다 매듭을 지으려다가는 끌어안고 뒹굴기를 계속했다. 덕분에 남편 외도는 끝났다고.

세월

남들은 화단에 심은 나무가 어느덧 담장을 넘고 대학 입시 땜에 난리 치던 애가 벌써 결혼해 애를 낳다니……. 등등 그런 걸 보면서 세월이 참 빠르다는 걸 느낀다.

나는 집기들 사이 냉장고 구석에서 발견한 식품들 유효기간 보니 6개월 지난 요플레, 2년 지난 김치 통조림, 5년 지난 녹용 한약팩 박스…… 등등 찬스를 놓쳐버린 아까운 식품 보고 세월 참 빠르다는 걸 느낀다.

추천서

중견회사에 취직하러 온 청년이 담임목사 추천서를 가

지고 왔다. 사장은 그 추천서를 천천히 훑어보고 나서 이렇게 말했다.

"우리 회사는 일요일에 출근하거나 작업을 하지 않소. 일요일 하루만 당신을 보는 목사님 말고, 평일에 당신을 보는 사람의 추천서를 받아 가지고 오시오."

클라리넷의 용도

동생이 음악을 좋아하시는 어머니를 위해 피아노를 사 드렸다. 몇 주 후에 어머님을 모시고 사는 큰 형님에게서 전화가 왔다.

"형님 어쩐 일이세요?"

"니가 어머님께 사준 피아노 소리 땜에 집안이 시끄럽고, 머리가 어지러워 살 수가 없다."

"피아노가 그렇게 시끄러운가요?"

"너 어머니가 음치인 거 알고 있지? 서툰 피아노 치며 노래까지 부르시니 아주 정신을 차릴 수가 없다."

"형님, 제 생각이 좀 짧았네요?"

"며칠간 어머님을 겨우 설득해서 악기를 바꿔 드렸다."

"네? 무슨 악기로요?"

"클라리넷으로 바꿔드렸다. 하여튼 클라리넷을 불면서

노래는 부르시지 못하잖아!"

약점 공개

골드 미스인 영애가 호텔 커피숍에서 한 남자에게 계속 추파를 던지고 있었다.
처음엔 그 시그널을 눈치채지 못하던 남자가 이윽고 그 낌새를 눈치채고 영애의 자리로 다가가 앉으며 말을 건넸다.
"커피 한잔 사드려도 될까요?"
그러자 영애가 좀전과는 달리 냉정한 듯한 표정으로 남자에게 말했다.
"허튼수작하지 말아요! 내 약점은 술이니까."
"???"

종이와 사탕

세 아들이 있었는데 그 중 한 녀석이 셈을 할 줄 몰랐다.
아빠는 셈을 가르쳐 주느라고 종이를 작게 잘라 아이들에게 한 쪽씩 나누어 주면서 말했다.
"이걸 '사탕 1개' 라고 생각하는 거야, 알았지?"

그런 다음 아빠는 다시 종이 쪽지를 거두어 들였다.

"자 하나, 둘… 근데 병태야, 네 것은 어디 있니?"

병태가 대답했다.

"먹었어요."

본전

경찰: 넌, 직업이 뭐야?

도둑: 빈부 차이를 없애려고 노력하는 사회운동가입니다.

경찰: 넌 꼭 혼자 하는데 짝은 없나?

도둑 : 세상에 믿을 놈이 있어야죠

경찰 : 마누라도 도망갔다면서?

도둑 : 그거야, 또 훔쳐오면 되죠.

경찰 : 도둑은 휴가도 안 가나?

도둑 : 잡히는 날이 휴가죠.

경찰 : 가장 슬펐던 일은?

도둑 : 내가 훔친 시계를 마누라가 팔러 갔다가 소매치기 당했을 때죠.

경찰 : 그때 마누라가 뭐라고 하던가?

도둑 : 본전에 팔았다고 하대요.

퀴즈

(문제)

트럭이 맨 위에 당근, 호박, 오이, 감자, 고구마 상자를 잔뜩 싣고 달리고 있었습니다.

그 트럭이 달려오는 오토바이를 피하고 곧이어 급커브 길을 돌 때 맨 먼저 떨어지는 것은 무엇일까요?

(답)

.

.

속도 (Speed)

미안해할 거 없어

회사에서 일을 하고 있던 병태는 만삭인 아내가 갑자기 진통이 와서 병원으로 옮겨졌다는 소식을 듣고 당장 뛰어갔다.

그는 병원에서 아내가 심한 진통을 겪으며 아파하는 것을 보고 너무나 미안한 마음에 아내의 손을 꼭 잡고서 말했다.

"여보, 정말 미안해! 내가 원인을 제공해서 당신이 이런 고통을 받는거야!"

그러자 아내는 그 힘겨운 상황에서 갑자기 병태를 가까

이 오라고 하더니 귀에다 대고 속삭였다.
"미안해할 거 없어! 당신 때문이 아니니까!"

주님의 몫

명예 퇴직 후 조그만 가게를 차린 50대 남자가 하나님께 간절히 기도를 드렸다.
"하나님, 하루에 2백만 원씩 벌게 해주시면 그 중 1백만 원은 하나님께 바치겠습니다."
다음 날 그는 정말로 1백만 원을 벌었다.
그러자 그 남자는 너무 기뻐서 하나님께 다시 감사의 기도를 드렸다.
"정말, 대단하십니다, 하나님! 먼저 주님의 몫을 떼어놓고 주시다니."

응급실

새벽 3시경 출산 예정일을 보름 앞두고 친정에 가 있는 아내가 갑작스런 진통으로 병원에 실려갔다는 전화가 왔다.
남편은 급히 택시를 타고 병원으로 향했다. 병원으로 가는 동안 2대 독자인 남편은 첫 아이가 아들이었으면 좋겠다고 생각했다. 남편이 막 병원 응급실로 들어서는데 마침 의사가 나왔다.

남편은 급한 나머지 궁금증을 감추지 못하고 다급하게 물었다.

"아들입니까? 아들이죠?"

의사는 고개를 저었다. 실망한듯 고개를 떨군 남편에게 의사가 말했다.

"배탈입니다!"

식사기도

어느 집에서 아빠가 초대한 외부 손님부부를 모시고 저녁식사를 대접하게 됐다.

집 주인 엄마가 6살난 아들에게 말했다.

"오늘 식사 기도를 네가 한 번 해 볼래?"

그러자 어린 아들이 난처한 표정으로 대답했다.

"엄마, 나는 기도 잘할 줄 모르잖아."

"그냥 평소에 엄마가 기도했던 걸 따라한다고 생각하면 되지."

그러자 아들이 아빠를 빤히 쳐다보며 기도를 시작했다.

"하느님, 우리 집에 귀찮은 손님들이 자주 오지 않도록 해주세요. 아멘!"

포장지

오늘 아침 아내가 해준 음식을 먹다가 하도 맛이 없길래 아내에게 물었다.
- 이렇게 맛없는 음식은 도대체 뭐로 만든 거요?
그러자 아내가 다용도실로 가서 비닐 봉투를 찾아 갖고 와서…
= 잘 모르겠어요. 버린 포장지를 좀 다시 읽어 봐야겠어요.

한 수 위

유럽의 어느 휴양지 모래 사장에서 두 남자가 모래 찜질을 즐기고 있었다. 한 남자가 옆에 누워 있는 남자에게 말했다.
"제가 여기 올 수 있었던 것은 우리집에 불이 나서 내가 가지고 있던 모든 것이 타버렸기 때문이죠. 보험회사가 몇 배로 보상해 줬어요."

그 말을 들은 남자가 놀란 표정으로 말했다.

"참 신기하네요, 저도 보험회사가 몇 배로 보상해 줘서 여기에 와서 이렇게 모래 찜질을 즐기고 있거든요. 난 홍수 때문에 모든것을 잃어버렸어요."

이 말을 들은 옆에 있던 남자가 주위를 살피더니 조용히 물었다.

"불 내는 것은 그렇다고 해도 홍수는 어떻게 냈습니까?"

사고친 남녀

여러 여자와 사고쳤지만 이런 여자는 처음이다. 얼굴이

벌개져 어찌나 서럽게 우는지 내가 정말 잘못한 것인지도 모른다는 생각까지 든다.

눈물을 흘리는 아가씨를 달랬다.

"이제 그만 정리하고 헤어지면 안 되나요."

"흑흑, 너무해요. 제게 남은 이 상처는 어떡하라고요."

나는 애가 타서 말했다.

"돈을 준다니까."

"처음인데 돈으로 돼요? 이 상처는 분명히 남을 거예요."

"요즘이 어떤 세상인데, 기술이 발달해서 흔적도 없이 고쳐진다고요."

"제가 빼라고 했을 때 뺐으면 이런 일 없잖아요. 그렇게 밀어붙이면 어떡해요."

"아가씨는 도대체 몇 살인데 그런 경험도 없어?"

그 순간 경찰이 다가왔다.

당황한 나는 말했다.

"경찰까지 부르다니 너무한 거 아니야? 나만 잘못한 것도 아니고 그쪽 책임도 있어."

경찰은 짜증난다는 듯 말했다.

"골목길에서 접촉사고 내고 차도 안 빼고 싸우면 어떡합니까? 당장 차 빼요!"

성선설

한 도둑이 어느 은행에 강도질을 하러 들어갔다. 금고에 다가서서 보니, 푯말이 붙어 있다.
"이 금고 다이얼을 열기 위해 다이너마이트는 쓰지 말아 주십시오. 이 금고는 잠겨 있지 않습니다. 진정 돈이 필요하다면 손잡이를 돌리기만 하면 됩니다."
도둑은 그 지시대로 손잡이를 돌렸다. 순간 머리 위로부터 모래주머니가 떨어져 내려왔다. 동시에 온통 서치라이트가 대낮처럼 밝게 비치며 비상벨 소리가 울렸다.
모래 주머니에 맞고 쓰러진 사나이는 경비원의 몽둥이 세례를 추가로 받아 실신 직전에 몇 번이고 헛소리를 중얼거렸다.
"아아! 인간의 성선설을 믿는 게 아니었는데……."

해고 이유

한 부자집에서 가정부를 갑자기 해고시켰다. 화가 난 가정부가 짐을 싸가지고 떠나기 직전에 주인 아줌마에게 말했다.
"흥, 내가 아줌마보다 요리 솜씨도 좋고 예쁘니까 쫓아내는 거지?"

주인 아줌마도 참지 않고 대답했다.

"누가 그런 소리를 해?"

가정부는 주인 아줌마를 똑바로 쳐다보면서 말했다.

"누구기는 누구야, 주인 아저씨지. 또 밤일도 나보다 못한다며?"

기가 막힌 아줌마는 얼굴이 벌개져 소리를 높였다.

"뭐야? 주인 아저씨가 그런 소리까지 해?"

가정부는 피식 웃더니 대답했다.

"아니, 정원사 아저씨가."

알았어, 형

《똘이의 그림일기》

오늘 부모님과 함께 처음으로 교회에 갔다. 아빠와 엄마가 '하느님 아버지' 하며 기도를 하길래 나는 '하느님 할아버지' 하며 중얼거렸다.

아빠가 작은 소리로 말했다.

"똘이야, 너도 하느님 아버지라고 해야 되는거야."

그러시길래 내가 말했다.

"그럼 하느님은 아빠한테도 엄마한테도 또 나한테도 아

버지야?"

"물론이지."

그래서 내가 아빠에게 의젓한 목소리로 말했다.

"알았어, 형!"

간수와 죄수

감옥에서 간수와 죄수가 노름을 하다가 죄수가 자꾸 속이니까, 간수가 화가 나서 그 죄수를 옥문 밖으로 쫓아냈다.

고백

초등학교 3학년인 남자 애가 이번 학기 짝이 된 여학생이 맘에 들었다. 그래서 큰 맘먹고 어느 날 고백했다.

"나 너 1학년 때부터 쭈욱 좋아했어."

그러자 여학생이 하는 말.

"나 2학년 때 전학 왔는데……."

3년 후

철수와 영호는 취업시험을 봤는데 영호는 시험에 붙었지만 철수는 떨어졌다. 크게 낙심한 철수는 매일 술에 쩔어 살았고, 날이 지날수록 철수의 방엔 빈 술병들로 가득 채워졌다.

보다 못해 영호가 철수에게 말했다.

"철수야, 너 이러는 거 정말 못난 짓이야. 우리 3년 뒤에 다시 만나서 서로의 모습을 확인하자. 그때는 좀 더 멋진 성공한 사람이 되었으면 좋겠구나."

그러고 3년이 흘렀다. 영호는 좋은 회사의 직원이 되어 멋진 차를 타고 왔다. 그런데 철수도 빨간 최신형 외제 스포츠카를 타고 영호 앞에 나타난 것이 아닌가.

영호는 너무 반가워서 외쳤다.

"철수야, 네가 드디어 정신을 차렸구나! 야~얼마나 열심히 살았으면 벌써 외제 최신형 스포츠카를 샀니?"

그러자 철수가 웃으며 말했다.

"응, 그동안 계속 마시고 쌓아놓고 있던 빈 병을 팔았을 뿐이야."

월급 봉투

사장님이 새로 채용한 여비서에게 첫 달 근무한 월급 봉투를 건네주며 엄중히 말했다.

"한마디 하겠는데, 김 비서는 이번 달 급료의 액수를 절대로 누구에게도 말해선 안 돼요."

"염려 마세요."

사장님 뜻을 아는지 모르는지, 김 비서는 받은 월급 봉투의 금액을 슬쩍 확인하고 나서 이렇게 대답했다.

"사장님도 그러시겠지만, 저도 이런 액수의 월급은 부끄러워서 누구에게도 말 못 하겠어요."

결혼 기념일

목포에 사는 노인이 서울의 아들에게 전화를 걸었다.

"우리 이혼하련다."

아들은 깜짝 놀랐다.

"아버지 그게 무슨 말씀이세요?"

"우리는 지긋지긋해서 같이 못 살겠단 말이다. 이 문제는 더 이야기하기도 싫으니 대전에 있는 네 누이에게 알려 줘라."

이렇게 말한 노인은 전화를 끊었다.

아들은 누이에게 전화했고, 전화를 받은 누이는 화들짝 놀랬다.

"아버님 이혼은 있을 수 없는 일이야, 나한테 맡겨둬."

당장 목포에 전화를 건 딸은 고함을 질렀다.

"이혼은 안 돼요, 우리가 갈 때까지 그냥 계세요!"

노인은 전화를 끊고는 할멈에게 말했다.

"됐어요, 여보. 올해는 애들이 우리 결혼기념일에 올거요."

처방전

의사 : 여사님, 매우 경과가 좋아진 것 같습니다.

환자 : 예! 선생님, 제 생각에도 그렇습니다.

의사 : 여사님과는 달리, 대부분의 환자들은 의사들의 지시를 잘 지키지 않기 때문에 병세가 위독해지거나 완치가 늦어지는 원인이 되거든요.

환자 : 예, 저는 선생님이 처방해 주신 약의 주의사항에 적혀 있는 대로 충실히 지키고 있습니다. '병마개를 꼭 닫은 채 햇볕이 안 닿는 서늘한 곳'에 지금까지 그대로 보관하고 있거든요.

증명

호텔 관리인은 손님에게 이렇게 말했다.

"만약 당신이 이 여인이 당신 부인임을 증명하지 못하면, 나는 당신들을 한 객실에 투숙시킬 수 없습니다."

"만약 당신이 이 여인이 내 아내가 아니라는 것을 입증하면, 나는 당신에게 죽을 때까지 감사하겠소."

해피야, 조심해!

한 아줌마가 버스 옆 좌석에 개를 데리고 있는 아가씨를 보고 못마땅한 표정으로 말했다.
"댁의 개에게서 내 몸에 벼룩이 옮겨온 것 같아요. 갑자기 몸이 가려워요!"
그 말을 들은 아가씨가 개에게 뭐라 작은 소리로 말했다.
"해피야! 조심해, 옆에 앉은 아줌마 몸에 벼룩 있대."

숨바꼭질

남편이 일찍 퇴근을 해서 집에 왔는데 침실에서 이상한 소리가 들리는 것이었다. 방문을 열자마자 눈에 들어온 것은 온 몸이 땀에 흠뻑 젖은 채 벌거벗은 아내가 가쁜 숨을 몰아쉬고 있었다.

남편은 깜짝 놀라 허겁지겁 말했다.

"당신! 무슨 일이야. 왜 그래!"

"시, 심장마비인 것 같아요."

남편은 허둥지둥 119에 전화를 하려고 핸드폰을 들었는데 네 살짜리 아들이 마루에서 뛰어들어 오며 소리쳤다.

"아빠! 옆집 아저씨가 장롱 속에 숨어 있어!"

남자는 핸드폰을 집어 내던지고는 살기 어린 눈길로 장롱을 쳐다보더니 문을 활짝 열어 제쳤다. 거기에는 정말 옆집 아저씨가 팬티만 입은 채 웅크리고 앉아 겁에 질려 있었다.

"이 쥐새끼 같은 놈!"

"여보게, 미, 미안하네. 제발 용서해 주게."

그러자 남자가 분을 삭히며 말했다.

"이 사람아! 내 마누라는 심장마비에 걸려서 다 죽어 가는데, 우리 애하고 숨바꼭질이나 하면서 나를 놀래키는 짓이나 하고 있나?"

"……???"

"얼른 방바닥에 흩어진 옷 주워들고 빨리 안 나가! 빨리 우리집에서 꺼져!"

때가 아니다

한 젊은 여자가 남편을 데리고 이혼 법정에 섰다.
"이혼을 요구하는 이유가 무엇입니까?"
"남편이 눕자마자 코를 골기 때문입니다."
"그래요? 결혼한 지 얼마나, 됐습니까?"
"닷새 됐습니다."
그러자 판사는 단호하게 말했다.
"이혼을 승인합니다. 새 신랑은 아직 눕자마자 코를 골 때가 아닙니다!"

진찰 결과

몸이 불편한 '남자'가 병원에 종합진찰을 받으러 갔다. 소변을 시험관에 받아 가지고 간호사한테 갖다 주었는데 간호사가 보관실로 옮기던 중 실수로 쏟고 말았다.
다시 받아오라고 하기도 미안하고 해서 간호사가 다른 사람 소변을 갖다가 검사를 받게 했다. 그런데 하필이면 그 소변이 여자 환자의 것이었다.
다음 날 남자가 결과를 알기 위해 담당 의사 앞에 앉아 있는데 의사가 고개를 갸우뚱하면서 자꾸만 결과가 표시된 차트와 환자를 번갈아 쳐다보는 것이었다.
"선생님, 왜 그러십니까? 제가 어디 나쁜 병에 걸렸나요?"
"정말 이상합니다. 의사 생활을 오래 했지만 이런 경우는 처음인데요??? 당신 지금 임신이오, 임신!"

제 얘기가 그 얘기

한 80세 된 노인이 건강진단을 받으러 병원에 와서 검사를 마치고 나자 의사가 기분이 어떠냐고 물었다.
노인이 하는 말.
"최고야, 최고. 아 글쎄 열 여덟 살 먹은 새 마누라가 내 아이를 임신했어. 어떻게 생각해?"

의사는 잠시 생각을 하더니 노인에게 이야기를 했다.

"제가 사냥을 아주 좋아하는 친구를 알고 있어요. 이 친구는 절대 사냥철을 그냥 지나치지 않지요. 그런데 어느 날 급히 서두르다가 실수로 총에 실탄을 안 넣고 산 속에 들어갔다가 실제 곰을 만났지요. 이 친구는 실탄이 안 들었는지도 모르고 총을 들어 곰을 겨냥하고 방아쇠를 힘껏 당겼습니다. 그런데 어떤 일이 일어났는지 아시겠습니까?

노인은 어리둥절해하며 모르겠다고 대답했다.

의사는 계속해서 말했다.

"그 곰이 그 자리에서 쓰러져 죽었습니다."

"그럴 리가 있나? 누군가 다른 사람이 쐈겠지."

의사가 기다렸다는 듯 대답했다.

"제 얘기가 그 얘깁니다."

피아노 조율

병태가 어떤 집에 피아노 조율하려고 갔을 때의 일이다. 마침 그 집에 파출부가 와서 일을 하고 있었다. 파출부는 건반을 딩동거리며 피아노 조율을 하고 있는 병태를 못마땅하게 쳐다보며 말했다.

"이것 봐요. 피아노가 그렇게 치고 싶거든 정식으로 피아노 레슨을 좀 받지 그래요! 이거 시끄러워서 원."

혼선

아내가 부인병으로 입원중인 병원에 전화를 건 남편이 의사선생님에게 말했다.
"선생님, 제 집사람 경과는 어떻습니까?"
"…지..지지직."
그런데 이 전화가 그만 자동차 정비공장의 정비공 전화와 혼선이 되어버렸다.
"네, 많이 좋아졌습니다."
"아, 그래요? 감사합니다."
"그러나 저러나 상당히 험하게 다루셨더군요."
"아이구, 이거 정말 부끄럽습니다."
"선생의 피스톤이 말이죠. 너무 중고품이 돼 버렸어요. 신품과 바꾸는 것이 좋을 듯합니다. 오늘 아침 제가 좀 굵은 것을 집어넣어 봤더니 상태가 나아지더군요. 오늘 밤 제가 한두 번 더 실험해 보고 수리를 잘 해드릴 테니 걱정 말고 기다리십시오."
"안…돼! 으아~악!"

신음 소리

방에서 남자가 누군가 기다리고 있었다. 곧 이어 아가씨가 들어오자 남자가 허리띠를 푼다. 여자는 남자의 팬티를 내린다. 남자는 약간 쑥스러워한다.
아가씨는 남자의 드러난 맨 살을 살살 문지르다가 갑자기 탁탁! 때린다. 으으~윽! …
신음 소리와 함께 남자가 하는 말.
"그 간호사 주사 한 번 아프게 놓네!"

제복

경찰인 철호가 늦게 퇴근해 집에 오니 안방 불이 꺼져 있었다. 어둠에 익숙한지라 옷을 벗고 침대로 들어가려 하니 침대에 누워 있는 아내가 갑자기 다급한 목소리로 철호에게 말했다.
"여보 두통이 왔어요, 불을 켜지 말아요. 골치가 아파서 불을 켜면 어지러워요. 여보, 미안하지만 두통약 좀 사다 주지 않을래요?"
철호는 어둠 속에서 주섬주섬 다시 벗어 놓은 옷을 입고 약국으로 갔다.

약사가 약을 주면서 물었다.

"혹시 김 경사님 아니십니까?"

철호는 고개를 끄덕였다.

약사가 다시 물었다.

"그런데 왜 소방관 제복을 왜 입고 오신겁니까?"

처방약 복용

"병태 씨, 내가 처방해 준 약을 매일 제 시간에 맞춰 복용하고 있겠죠?"

담당 의사가 물었다.

"아니, 사실은…"
병태는 대답했다.
"맛을 미리 좀 봤습니다만, 그런 걸 먹을 바에야 차라리 기침을 하는 편이 나을 것 같아서……."

애인의 남편

미국 샌프란시스코에서의 얘기다.
친구와 마주앉아 얘기하던 사내가 갑자기 어디선가 불자동차의 사이렌 소리가 들리고 창 밖으로 소방차가 여러 대 급히 지나가는 상황을 보더니 벌떡 일어선다.
"이크, 나도 빨리 가야겠군!"
그것을 본 친구가 의아 해서 물었다.
"자네, 언제부터 소방수가 되었어?"
"이 친구야, 내가 소방수가 아니라 내 애인의 남편이 소방수거든."

흡연과 금연

병태가 기관지염을 앓고 있었다. 늘 다니는 병원에서는 담당의사는 담배를 끊게 하려고 했지만 성공을 거두지 못했다.

의사는 한 가지 묘안을 생각해 내고서, 이번에는 경제적인 면으로 상담을 하며 치료하기로 맘 먹었다.

"병태 씨, 당신은 하루에 몇 개비의 담배를 피우고 있습니까?"

"아마, '에쎄 골든리프' 한 갑은 태웁니다."

병태는 담배연기를 내뿜어대면서 대답했다.

"그 담배 값은 얼마쯤 됩니까?"

의사는 계속 추궁해 갔다.

"한 갑에 4천 원이니까 한 달엔 12만 원, 1년이면 144만 원입니다."

"그럼, 담배를 피운 지 몇 년이나 됩니까?"

"50년쯤 될 겁니다."

의사는 근엄하게 말을 했다.

"144만 원씩 50년이면, 7,200만 원이 넘는 지출이요! 아시겠습니까? 당신이 만약 '금연'과 더불어 절약 정신으로 50년을 살았다면 이자가 늘어 저기 창밖으로 보이는 빌딩 마저도 살 수 있었을 겁니다."

그러자 병태가 물었다.

"의사 선생님은 담배를 피우십니까?"

"아뇨, 피우지 않습니다."

"그럼 빌딩을 가지고 계십니까?"

"아뇨, 갖고 있지 않습니다."

병태는 새 담배를 꺼내어 불을 붙였다. 그러고 말했다.

"저는 빌딩을 가지고 있습니다. 저기 창밖에 보이는 저 빌딩이 제 겁니다."

요리 걱정

결혼을 1주일 앞둔 어린 딸이 눈물을 찔끔거리며 어머니에게 하소연했다.

"시집가기가 두려워요. 그이를 즐겁게 해 줄 수 없을 것 같아서 걱정이예요!"

어머니는 딸이 당해야 할 고민을 덜어 줘야겠다는 생각에서 결혼 생활에 들어가면서 첫 경험하게 될 첫날밤에 관해 조심조심하면서 설명을 시작했다.

"아이 어머니, 그건 문제가 없어요. 누가 그걸 모를라구요. 진짜 고민은 요리를 한 가지도 할 줄 모른다는 게 걱정이예요!"

잘못한 선택

두 명의 밤 도둑이 짝을 지어, 한 명은 살피고 한 명은 훔치고 했다.

어느 날 밤, 밖에서 살피던 놈이 집 밖으로 나온 녀석에게 물었다.

"이 집은 내가 밖에서 망볼 때 예감이 좋게 느껴졌는데 얼마치나 훔쳤냐?"

"조금도 못 했어! 이 집은 알고 보니까 변호사 집이었어."

"뭐라고! 그래, 그럼 얼마나 뜯기고 나왔냐?"

난 걱정 없어

석구 : 큰일이야 휘발유 값이 또 오를 것 같아

병태 : 아무리 올라도 난 걱정하지 않아

석구 : 왜?

병태 : 왜냐하면 난 항상 3만 원어치만 넣거든.

마술

장난끼 많고 서로 지기 싫어하는 병태와 석구는 빵집에 들어갔다. 석구는 어느 새 빵 3개를 슬쩍 주인 모르게 바지 주머니에 넣었다. 그러곤 석구는 병태에게 의기양양하게 말했다.

"내가 얼마나 솜씨가 좋은 지 봤지? 주인은 아무 것도 못 봤어!"

그러자 병태가 카운터에 있는 빵집 주인 앞에 가서 말했다.

"사장님, 빵 하나를 제 입에 넣어 주시면 제가 신기한 마술을 보여드리지요."

주인은 영문을 모른 채 빵 하나를 병태 입에 넣어줬다. 병태는 그걸 재빨리 삼키고는 또 하나를 달라고 입을 더 크게 벌렸다. 그렇게 빵 3개를 연거푸 먹고 아무 것도 남기지 않은 입안을 주인에게 보여 주었다.

주인이 병태에게 따졌다.

"지금 보여 준 게 무슨 마술이요? 나를 속이려는 거죠?"

병태가 씨-익 웃으며 대답했다.

"저기 내 뒤에 서 있는 석구라는 친구의 바지 주머니를 확인해 보세요. 그러시면 제 마술에 놀라실 겁니다."

남편의 키

남편이 몇 달째 집을 나가 들어오지 않자 부인이 광고를 낼 생각으로 신문사를 찾아갔다.

부인 : 사람 찾는 광고를 싣는 데 요금은 얼마지요?

광고담당자 : 1cm당 5만 원입니다.

부인 : (깜짝 놀라며) 아니 뭐가 그렇게 비싸요?

광고담당자 : 아니, 1cm당 5만 원인데 뭐가 비쌉니까?

부인 : 제 남편의 키는 1m 80cm나 되거든요!

회사방침

아직 쓸 만한 필기구를 마구 쓰레기통에 버리는 사원을 보고 부장은 화를 내면서 이렇게 말했다.

"이봐! 쓸 만한 걸 마구 버리면 어쩌나? 우리 회사는 자네 같이 쓸모없는 사원도 버리지 않고 쓰고 있는데."

무사한 이유

나이가 많은 수녀 미카엘라와 젊은 수녀 엘리샤가 야밤에 수녀원으로 가는데 뒤에서 웬 중년 남자가 따라온다. 낌새를 눈치챈 늙은 수녀는 젊은 수녀에게 말했다.
"빨리 가자, 엘리샤."
그래도 따라온다. 늙은 미카엘라 수녀가 다른 방법을 생각해 내곤 말한다.
"둘이 떨어져서 가자. 먼저 도착한 사람이 수녀원에 알리기로 하자."
그런 다음 두 수녀는 서로 갈라져서 뛰었다. 늙은 수녀는 겨우 수녀원에 다다랐다. 한데 젊은 수녀가 얼마 있다 도착했다.
"무사했구나 엘리샤!"
"네, 그런데 미카엘라 수녀님. 저는 도망치다가 그 남자에게 잡혔습니다."
"오, 하느님!"
"그 남자는 음흉하게 웃으면서 허리띠를 풀고 바지를 발목까지 내린 후, 내 스커트를 위로 걷어 올리는 거예요."
"뭐라구! 오~주여, 주여!"
"그 순간 저는 치켜 올린 스커트를 두 손으로 꽉 쥐고 내달렸습니다. 미카엘라 수녀님, 생각해 보세요. 스커트를 치켜 올린 여자와 바지를 내려 발목에 걸린 남자, 어느 쪽이 달리기에서 이기겠습니까? 제가 이겼죠. 그래서 이렇게 무사히 돌아왔죠."

별명

판사 앞에, 세 청년이 끌려 나왔다. 공원 연못에서 질서를 문란케 한 혐의였다.

판사 : 피고는 무슨 짓을 했나?

A : '찐빵'을 연못에 던져 넣었습죠.

판사 : 그다지 유해한 범죄 같진 않은데. 그럼, 자네는?

B : 저도 마찬가지로 '찐빵'을 연못에 던져 넣었어요.

판사 : 세 번째 자넨? 자네도 그랬나?

C : 천, 천만에요! 제 별명이 '찐빵'인뎁쇼.

진급 누락

회사에서 빈정거리며 게으름 피던 사원 외에는 모두 계장으로 진급했다. 진급에서 누락된 이 사원이 부장에게 가서 따진다.

"이럴 수 있습니까? 저 혼자만 빠지다니요! 창피해서 회사 내를 어찌 돌아다닐 수 있겠어요?"

"응, 자네 말 잘했어, 그러니까 제발 돌아다니지 말고 책상 앞에 앉아 업무만 충실히 하고 있게."

거짓말

어느 회사에서 외국 근로자 1명을 뽑는데 3사람이 왔다. 먼저 사장에게서부터 가장 멀리 앉은 '파키스탄' 인이 말했다.

"나, 한국사람 말하는 거 다 알아듣고 이해해요."

다음 중간에 앉아 있는 '베트남' 지원자가 말했다.

"저는 퇴근을 안하고 몇시간이든 잔업을 할 수 있어요."

그리고 마지막 사장 가까이에 앉은 중국인 지원자가 말했다.

"나, 사람들 거짓말하는 거 척척 알아 마칠 수 있어해.

지금 앞의 두 사람 거짓말했어 해."

말할 것도 없이 중국인이 채용됐다.

감촉

러시아워의 버스 안, 두 아가씨가 어느 때와 다름없이 마주보고 서서 서로 비벼댈 정도로 혼잡한 실내다.

"이봐, 영애야 내 뒤에 바짝 붙어 선 남자 어떻게 생겼니?"

"글쎄, 아주 젊었어."

"나도 젊은 줄은 즉각 알겠는데, 잘 생겼냐 말이야?"

위조 지폐

평생 백수인 사내가 컴퓨터를 이용해 위조지폐를 만들어 보기로 했다. 그런데 그만 실수로 0을 하나 더 넣어서 10만 원이 되고 말았다. 사내가 "젠장!" 하면서 쓰레기통으로 버리려다가 반짝 묘안이 떠올랐다.

산간 오지에 가서 새로 나온 지폐라고 속이고 써보기로 한 것이다. 바로 실행에 옮긴 사내는 어느 한적한 시골의 구멍가게에 들어가서는 아주 순박해 보이는 주인 아주머니에게 10만 원을 내밀며 말했다.

"저기, 아주머니 죄송한데요. 이 돈을 잔돈으로 좀 바꿀 수 없을까요? 이게 요즘 새로 나온 10만 원 지폐거든요."

그러자 그 구멍가게 아주머니가 선선히 돈 통을 열면서 말했다.

"젊은이, 나는 2만 원 지폐를 몇 장 갖고 있는데, 5장으로 바꿔 주면 될까?"

출근 시간

출근한 신입사원이 근무시간에, 옆에 앉은 동료에게 세계 각국 도시의 시간이 표시되는 손목시계를 자랑한다.

뒤에서 지켜보고 있던 부장이 말했다.
"이보게, 시계 자랑하는 건 좋은데, 출근은 항상 우리나라 시간으로 하게. 자넨 외국 도시 시간으로 출근하는 날이 너무 많아 탈이야."

환자의 증상

비뇨기과에 환자가 찾아왔다.
"어디가 안 좋아서 왔나요?"
"의사 선생님, 절대 웃으시면 안 됩니다."
환자가 이렇게 말하면서 바지 앞 단추를 풀어 보였다.
그런데 그 사내 고추 크기가 새끼손가락만한지라 의사는 웃음을 참으려고 안간힘을 썼다.
그때 환자가 심각한 표정으로 이렇게 증상을 얘기했다.
"많이 부었어요!"

허세

털보 영감을 증인으로 부른 변호사.
공연히 허세를 부리며 털보 영감이 대답할 때마다 코웃음을 치며 업신여긴다.

"그래, 영감 직업은 뭐요?"

"도로를 청소하는 환경미화원입니다."

"그럼 영감의 직업이 사회적으로 어떤 위치에 있다고 생각하시나?"

"동회 9급 공무원보다는 못하지만 내 자식의 직업보다는 낫다고 생각하고 있습니다."

"영감 아들의 직업은 도대체 뭐유? 어디 얘기 좀 해보슈!"

"변호사입니다."

진짜 이유

중년 남자가 신경과 의사를 찾아왔다.

의사는 진찰을 마치고 그에게 물었다.

"신경이 아주 날카로워진 상태입니다. 그런데 직업이 뭡니까?"

"택시기사입니다."

"그렇다면 교통사고 등에 대한 불안감 때문에 스트레스를 받는 것 같습니다. 혹시 자신에게 또 다른 불안요소는 없습니까?"

그러자 중년 남자는 잠시 머뭇거리다가 대답했다.

"지금까지 무면허로 총알택시 영업을 하고 있었는데, 그것도 한 이유가 될까요?"

뱃사공

경찰에게 쫓기는 도둑이 강가에 이르러 막 떠나려는 나룻배에 올라탔다. 뒤를 쫓던 경찰이 사공에게 멈추라고 소리쳤지만, 사공은 귀머거리였다.

도둑은 귀머거리 사공을 만난 것이 행운이라고 생각했다. 배가 건너편 강가에 거의 도착하자, 건너편 강가에도 경찰이 도둑을 잡으려고 기다리고 있었다. 도둑은 사공을 향해 큰소리로 배를 돌려 다른 쪽으로 가자고 소리쳤다. 하지만 사공은 귀머거리여서 듣지 못하고 강가에 배를 대었다. 경찰에게 붙잡힌 도둑은 귀머거리 사공을 만난 것이 불운이라고 생각했다.

담당 부장

"여보, 나 이번에 부장됐어!"
남편이 자랑스럽게 말하자 부인이 시덥지 않게 대꾸했다.
"요즘 흔하디흔한 게 부장이예요. 슈퍼마켓에 가 봐요 과자, 사과, 고구마 담당부장도 따로 있어요."
"당신, 내가 모처럼 부장 승진한 걸 대수롭지 않게 생각하는데 어디 확인해볼까?"
은근 화가 난 남편은 슈퍼마켓에 전화를 걸었다.
"고구마 담당 부장 있나요?"
"예, 그런데 포장된 고구마 담당 부장인가요? 아니면 낱개로 달아서 파는 고구마 담당 부장을 찾으시나요?"
남편은 말없이 전화를 끊었다.

임기응변

이 회사에 입사한 지 얼마 안 된 사원과 고참사원이 점심 식사 후 카페에서 차를 마시면서, 직속 부장에 대한 노골적인 험담을 하고 있었다.
"아이구, 부장이라는 작자가 정말 못봐주겠드라구. 그런

쫌팽이 부장이 있으니 회사가 발전할게 뭐야."
그런데 공교롭게도 그 시간에 두 직원들 뒤쪽에 앉아 듣고 있던 담당 부장이 기분이 나빠져 헛기침을 했다.
뒤를 돌아본 두 사원은 당황해 얼굴색이 질렸다. 하지만 그 중 선배 사원이 임기응변으로 말을 이어갔다.
"그놈 부장 때문에 말이지, 지난번 그 회사 때려치우고 이번 회사로 옮긴 거 아니냐구!"

경력조회

사격 훈련 담당 소대장이 조교에게 말했다.
"조교! 훈련병 '123번'의 입대 전 경력을 한 번 알아 봐줘!"

"알겠습니다, 소대장님."

(얼마 후)

"소대장님, 123번 그 훈련병은 입대 전 은행털이범으로 2회, 권총강도 전과로 한 번 교도소를 드나든 경력이 있습니다."

"어쩐지, 그 훈련병은 사격을 끝내고 나서는 언제나 손수건을 꺼내 총에 묻은 지문을 열심히 닦는 버릇이 있단 말이야!"

피장파장

소방소 직원이 카바레 소방점검을 나가 보니 전혀 소방시설이 안 된 위험천만한 상태였다.

소방소 직원이 카바레 지배인에게 엄격하고 따끔하게 얘기하니 카바레 지배인이 말했다.

"나 참. 이정도는 눈감아 줄 수도, 있는 거 아닙니까. 하루 이틀 장사한 것도 아니고."

이런 어이없는 말을 듣고 소방소 직원이 대꾸했다.

"그래요. 그러면 우리도 이 카바레에서 불이 나면 눈감고 있을게요."

투표소

영애가 5살짜리 아들을 데리고 옷가게를 들러 몸에 맞는 옷을 고르려고 탈의실을 들락거리며 옷을 벗었다 입었다를 계속했다.

그런데 오늘이 마침 투표 날, 귀가 길에 투표소에 들렸다. 커튼이 쳐져 있는 기표소를 한참 동안 바라보던 아들이 투표용지를 받아 들고 있던 영애에게 물었다.

"엄마, 투표하려면 저 속에 들어가 옷을 또 벗어야 해?"

알리바이

서울의 대형 목재회사의 방화범으로 체포된 병태는 경찰서에서 필사적으로 알리바이를 통해 자신을 변명하기 바빴다.

"내가 절대 아니라니깐요!! 난 그 시간엔 거기 없었다니깐요! 난 그 시간에 목포 M호텔 지하 주차장에서 승용차를 훔치고 있었다구요!"

편지

어떤 부자가 다른 도시에서 공부하고 있던 아들로부터 편지를 받았다. 그는 비서에게 그것을 읽도록 시켰.

기분이 내키지 않았던 비서는 불쾌하고 성깔 있는 목소리로 아들의 편지를 읽었다.

"아버지! 저에게 빨리 돈 좀 보내주세요! 저는 새 노트북과 옷이 필요요!"

아들의 편지 내용을 들은 아버지는 화를 내며 소리쳤다.

"무례한 녀석! 어떻게 감히 그런 불손한 태도로 애비에게 편지를 쓸 수 있단말인가? 어디 한 푼이라도 보내주나 봐라!"

아들의 편지 때문에 속이 상한 아버지가 집에 돌아와 아내에게 편지를 건네주면서 아직도 속이 풀리지 않은 목소리로 말했다.

"우리가 곱게 키운 자식이 편지를 어떻게 써 보냈는지 한 번 읽어 보구려!"

엄마는 아들의 편지를 펴보는 순간, 아들이 너무 그리웠다. 그래서 아주 부드럽고 애절하고 기도하는 목소리로 편지를 읽기 시작했다.

"아버지! 제발 저에게 빨리 돈 좀 보내 주세요! 저는 새 노트북과 옷이 간절히 필요합니다!"

아버지가 가만히 듣더니 어느덧 분이 풀린 목소리로 말했다.

"그래, 그렇게 공손하게 편지를 해야지! 여보, 어서 돈을 부쳐 줍시다. 진작 그런 태도로 나올 것이지."

오해

명성이 자자한 정신과 의사에게 어느 날 친구가 물었다.

"자네는 날이면 날마다 그 많은 환자들의 얽히고 설킨 고민거리만 듣고 살면서도 멀쩡한 정신 상태로 버틸 수 있네그려. 참으로 감탄해 마지않을 일이야."

의사는 싱긋 웃으며 친구에게 대답했다.

"자네는, 내가 그들의 말을 모두 상세히 듣고 있다고 생각하나?"

변명

거래선 회사에 과장과 사원이 같이 가서 경영실적이 담긴 중요한 서류를 인수받았다.

돌아오면서 과장은 말했다.

"이거. 내일 사무실로 갖고 오게. 그리고 자네는 술을 좋아하니까. 오늘은 절대 마시지 말고 곧장 집으로 가게나."

그러나 참새가 방앗간을 그냥 지나가겠는가? 술집에서

2차 3차 하다보니, 그 중요한 서류를 어디다 빠트렸는지 분실했다.

다음날 술냄새를 풍기며 출근하면서, 그 서류를 분실했다고 하니, 과장이 꾸짖었다.

"이 못된 사람아! 그러게 술 마시지 말고 곧장 귀가하라고 했잖나?"

"아닙니다. 그 서류를 잊어버린 게 화가 나서, 홧김에 술을 마신 겁니다."

산 넘어 산

30이 한참 넘도록 장가 못 간 노총각 사원에게 과장이 다가와 어느 여인 사진 보여주면서 말했다.

"어때 이쁘지? 선 보라구. 그리고 이 여자는 덤으로 5살짜리, 인형같은 딸이 있다구. 복 터졌지 뭐야!"

"아닙니다. 전 그런 딸을 돌볼 자신이 없습니다."

"돌볼 걱정은 안 해도 되네. 10살짜리 더 이쁜 언니가 있어. 5살 동생을 돌봐 줄 테니까 말이야."

칼라 복사기

칼라 복사기 외판원 2명이 어느 회사에 실물을 선전하면서 말했다.

"좌우지간, 이 칼라 복사기는요, 원판 색깔과 똑같이 나옵니다."

"정말 믿어도 돼요?"

"그럼요, 우리가 현찰로 판매 대금을 수금해 가면, 우리 사장님이 직접 칼라 복사 된 가짜 돈이 있나 없나를 꼼꼼히 검사하신다니까요."

애인의 손

과장이 과원을 부른다.

"이번 토요일 거래처 국장님과 골프하기로 약속했는데 자네도 함께 가야겠어."

"하지만 저는 그날 데이트 약속이 있어서요."

"우리 과에서 자네말고 골프치는 사람이 없잖아. 함께 가서 골프채 잡아보자구"

"골프채도 잡고 싶지만요. 그녀 손이 더 잡고 싶습니다."

AI빌딩 관리

A사 사장이 자기 회사 빌딩을 가리키며 B사 사장에게 자랑한다.

"보세요. 우리회사의 빌딩 관리는 모든 게 AI 컴퓨터로 제어장치가 되어 있어 안전하게 관리됩니다."

이때 A사의 빌딩 창가에서 어떤 사원이 매달리려 자살하겠다고 소동을 부린다.

B사 사장이 물었다.

"저 사람 곧 떨어지겠는데요. 위험하지 않나요?"

그러자 A사 사장은 태연히 말했다.

"네, 빌딩 전체가 AI로 작동 관리되기 때문에 한 달에 한 번 불필요한 사원을 찾아서 창밖으로 내던지기도 하니까요."

차를 사야 하는 이유

자동차 세일즈맨이 어느 집에서 차를 사라고 강력히 권하자 주인은 말했다.

"하지만. 요즘 국제정세 불안 등으로 점점 석유나 휘발유 구하기도 힘들어지고 가격도 오른다는데 차를 사서 뭐해?"

"네, 휘발유가 귀해져 구하기 힘들어지는 건 사실입니다. 그러니까 차를 사셔야죠."

"네? 어째서죠?"

"걸어가면 늦습니다. 그러니까 차 타고 남보다 먼저 가서 사야 할 거 아닙니까!"

은신초

어느 사나이가 다분히 사기성 있는 좋지 않은 친구로부터 은신초 (隱身草)라고 해서, 그 풀만 몸에 지니고 있으면 사람이 안 보인다는 풀을 헐값에 얻었다.

이 친구는 그 풀의 효능만 믿고 시장에 가서, 장사꾼의 돈지갑을 훔쳐 달아나자 주인이 쫓아와서 끝내 붙잡혔다. 주인은 마구 때리며 말했다.

"이 도적놈아! 강도 같은 놈아! 벌건 대낮에 남의 돈지갑을 훔쳐 달아나냐?"

이 사나이 흠뻑 맞으면서도 혼자 중얼거리는 말.

"그래, 너 지금 나를 때리면서도 안 보이니까 엄청 답답하지? 그렇지?"

졸린 이유

형제가 돈을 합쳐서 장화 한 켤레를 샀다. 그러나 형이 항상 신고 다녀 동생은 신어볼 기회가 없다.

동생은 그게 아까워 형이 잠든 사이 밤중에 온 동네를 신고 돌아다닌다. 그리고 얼마나 신었던지 새 장화를 한 켤레 더 사야 할 때가 되었다.

형이 말했다.

"야, 우리 장화가 다 닳았으니 새 것으로 또 하나 사자."

동생이 답했다.

"싫어, 밤잠을 못 자서 항상 졸려!"

싸구려 모델

건달 한 명이 안경점에 들어와서 선글라스를 이것저것 모두 끼어 보더니 투덜거렸다.
"쳇! 하나 같이 싸구려뿐이군."
그러자 주인은 대꾸했다.
"거참 이상하군요. 하나 같이 최신 고급 모델뿐인데 선생이 끼었다 하면 싸구려처럼 보이게 되니 말이죠."

방해

어느 책방에서 젊은 사람이 누드 사진집을 오랜 시간 서서 보고 있다. 눈치챈 주인이 다가와서 말했다.
"이봐요, 서서 오랫동안 보는 건 뭐라 않겠는데 바지 앞에

튀어나온 것으로 해서 진열장 사이를 지나 다니는 손님들이나 방해하지 않았으면 좋겠어요."

카메라와 필름

필름 카메라 싸게 파는 것으로 소문난 카메라 가게에 손님이 와서 말했다.
"이 집 카메라 값이 최고로 싸다면서요?"
"네, 손님, 소문 그대로입니다."
"도대체 얼마나 쌉니까?"
"우리 가게에서 필름 카메라 사 간 분이 카메라를 분실해서 경찰에 신고하면서 금액으로 환산해 기록했더니, 경찰은 '필름을 1통 잊어버리셨군요.' 할 정도입니다."

라이벌 회사

어느 라면 회사에서 신상품 이름을 신세대 감각에 맞게 지으려고 회의를 열었다. 과장이 신세대 감각에 맞게 하려면 '신세대' 라면이 어떠냐고 제안을 했다.
그러나 다른 사원들은 일체 입을 안 연다. 과장의 '꽁-' 하는 성격을 알기 때문이다.

드디어 부장이 신입사원 한 명을 지적해 물었다.

"과장이 '신세대' 라면이 어떻겠냐고 하는데 자네 의견은 어떤가?"

그러자 신입사원이 주저함 없이 대답했다.

"우리 회사의 최대 라이벌 N회사가 아주 좋아할 거 같은데요."

여비서

사장 부인이 예고도 없이 회사에 나타났다. 살펴보니 여비서가 젊고 미인이다.

"여봇? 여비서는 늙은 할망구라고 했잖아요!"

당황한 사장은 얼결에 대꾸했다.

"음, 그 할망구는 오늘 아파서 쉰다고 대신 손녀를 보내왔어.

협박장

매력적인 여성이 변호사 사무실에 찾아와 상담을 한다.

"요새 협박장이 하루가 멀다하고 날아오는데 이건 위법이 아닌가요?"

"물론 법에 저촉됩니다. 그런데 누구한테서 오는 협박장인가요?"
"제 애인의 본 부인요."

필체

어느 부동산 회사 직원 중 한 명이 악필로 유명하다. 도무지 무슨 글자인지 알기 힘들다. 주위에 제대로 읽는 사람이 없다.
어느 날 사장이 옆에 다가와서 말했다.
"여보게, 오늘은 자네가 계약서 한 장과 계약 조건들을 직접 손으로 써줘야겠네."
"제가요? 여기 인쇄된 계약서가 있는데요?"
"왜냐하면, 이번에 조건이 나쁜 최악의 물건이 나왔는데 구매자가 내용을 한눈에 척 알아보면 난처한 것이라서 말이야."

젖소와 홍수

젖소 한 마리 갖고 있는 사람이 항상 우유에 물을 타서 팔아 생계 유지를 했다.

그러던 어느 날 홍수가 나자 소가 외양간을 나와 물바다가 된 마당으로 피해 나오며 물을 먹는다. 주인은 그 젖소가 집 외양간을 떠나 물살에 휩쓸려 갈까 봐 겁이 나서 뛰어나와 소를 붙잡는다.

그 모습을 마루 위에서 보고 있던 아들이 말했다.

"아빠 물 좀 먹게 놔둬도 돼요. 이젠 힘들게 우유에 물 안 타도 된다구요."

프랑스어 공부

마을 부인끼리 대화.

"저 댁은 참 이상해요. 요새 와서 갑자기 프랑스어 공부하는 이유가 뭐래요?"

"예, 그 댁에서 '프랑스 애기' 한 명을 입양하기로 했나봐요. 지금은 말을 못 하지만 그 애가 조금 자라서 말하게 되면, 프랑스어 뜻을 모르니까 미리부터 걱정이 돼서 공부해 두는 거래요."

눈치 백단

먼동이 트는 이른 아침에 남편 혼자 낚시 떠나며 아내에게 묻는다.

"여보, 내 휴대품 챙겼어?"

"네, 다 챙겼어요."

"물고기 낚으면 생선찌개 해먹게 휴대용 주방기구도 넣었겠지?"

"그럼요, 꽁치 통조림하고 깡통 따개까지 알아서 다 챙겨 넣었어요."

장례식

어느 공장 수위에게 "여기 '병태'라고 하는 사람이 근무할텐데요, 난 그 애 할미유."

"아~ 네, 오늘은 결근했습니다. 오늘이 할머니 장례식이라던데요."

사설탐정 보고서

돈 많은 실업가 회장이 3주 전 여비서를 채용한 후 그녀가 맘에 들어 몇 번이나 식사에 초대했다. 그러고는 여비서가 너무 맘에 들어 '결혼 상대로는 어떨까' 하고 흥신소 사설 탐정에게 뒷조사를 의뢰했다.

1주일 후에 보고서를 갖고 왔다. 거기에는…….

이 여성은 평판이 A급으로 좋은 여성입니다. 훌륭한 가정 출신이고 사회적으로도 나무랄 데 없는 좋은 친구들과 교류하고 지내고 있어 흠잡을 데 없는 정숙한 여성입니다. 다만 최근 3주전부터 행실에 문제가 많은 어느 실업가 회장과 데이트를 하고 있어 결혼 상대로는 추천해 드릴 수 없는 게 아쉽습니다.

사기꾼

마을에 서커스단이 들어와서 병태가 구경갔다. 그 중 여자를 과녁 앞에 세워놓고 칼 던지기는 보기에 짜릿하고 감탄해, 다음 날 또 그 다음날도 칼던지기 묘기를 구경하러 갔다. 그런데 다음날 길에서 만난 철구가 서커스 구경을 간다고 하니까,

병태: 철구야, 가지 마. 그놈들 순 사기꾼야.
철구: 뭐가?
병태: 글쎄, 칼 던져서 여자를 맞춘다고 해놓고는 한 번도 못 맞춰!

구멍

치과의사가 골프 백을 들고 막 골프장에 가려고 병원을 나설 때 전화가 왔다.

환자 : 선생님. 제 썩은 어금니에 구멍이 하나 생겨 너무 아파 죽겠습니다. 지금 방문하겠습니다.

의사 : 이를 어쩌죠, 저는 지금 18개의 구멍을 메꾸러 가야 하거든요. 미안합니다.

소송

"뭐라구? 너희 앞집에 사는 그 여자의 히프가 그렇게 크단 말이야?"

"그래, 그저 굉장하다는 말밖에. 그녀의 골프용 반바지를 빨아서 널었는데, 우리집 일조권이 침해를 받아 소송을 할까 생각중이라구!"

인터뷰

최근 여론조사나 사회적 평판과 그의 인기에 힘입어 정계에 입문하리라는 소문이 파다하게 난 어느 유명 배우에게 TV방송국 여기자가 장래 정계로 나갈지를 인터뷰했다.

그러자 그 배우는 대답했다.

"대단히 죄송합니다만. 저는 국회에 진출해서 소속당의 거수기나 어느 계파에 속해 우매한 역할을 하는 것보다, 연극무대나 영화에서 위대한 정치가의 역할로 감동을 주기 바라지 정치가는 싫습니다."

대화

생선가게에 들른 손님 한 명이 생선 살 생각은 않고 고등어 한 마리를 치켜든 채 이리저리 살피며 킁킁 냄새만 맡는다. 마음이 불편해진 생선 가게 주인이 짜증스레 말했습니다.

"살려면 빨리 살 일이지, 싱싱한 생선 상하게 손에 들고 이리저리 냄새는 왜 맡고 그 야단이요?"

손님이 말했습니다.

"냄새를 맡는 것이 아니오. 그냥 귓속말로 바다 소식을 물어본 것뿐이오."

손님의 뜻밖의 답에 주인은 태도를 누그러뜨리고 물었습니다.

"그렇다면 고등어가 손님에게 뭐라고 합니까?"

손님이 능청스레 답했습니다.

"바다를 떠난 지 하도 오래되어 최근 소식은 도대체 알 수 없답니다."

야구광

야구광인 사원이 지방 경기장에서 열리는 결승전 나이트게임을 보고싶어 과장에게 요청했다.

"과장님 두통이 심해서 조퇴해야겠습니다."

과장은 팍 웃으며 말했다.

"자네 머리의 두통이야, 어디 약으로 낫겠나? 비가 억세게 와서 야구 경기가 취소되지 않는 한 낫지 않을 걸세."

노아의 방주

중동의 열사지방을 여행하던 사내가 원주민에게,

"이 지방은 비가 너무 안 오는군요. 정말 가뭄이 지독하다는 말밖에 할말이 없네요."

"이건 약과입니다. '노아의 방주' 얘기 아시죠? 그때 40일간 밤낮 없이 장대비가 내릴 때도 이곳은 비가 0.5mm밖에 안 내린 곳입니다."

사막의 묘지

아버지와 아들이 사막을 여행하고 있었다. 사막의 더위는 살인적이었다. 더위에 지친 아들이 아버지에게 말했다.
"아버지, 너무 힘들어요. 이러다 죽을 것 같아요."
"포기하지 말고 희망의 끈을 놓으면 안 된다."
포기하고 싶은 마음을 억누르고 한참을 걷는데 공동묘지가 나타났다. 아들은 불길한 생각에 아버지에게 말했다.
"여기서 사람들이 많이 죽었나 봐요."
공포에 떨고 있는 아들을 보고 아버지가 힘주어 말했다.
"아들아, 힘을 내거라. 묘지가 있는 것을 보니 가까운 곳에 분명 사람사는 마을이 있겠구나. 이제 얼마 남지 않았다."
아들은 묘지에서 절망을 보고, 아버지는 묘지에서 희망을 보았다.

시크릿 유머 10법칙

1 과장

유머나 조크에서 과장(Exaggeration)은 매우 핵심적인 요소 중 하나로 상황을 과도하게 부풀려 웃음을 유도하는 핵심 기술이다.

과장은 어떤 대상이나 상황을 실제보다 크게 혹은 심하게 부풀려서 묘사함으로써 웃음을 유발하는 기법이다. 예컨대 "배꼽 빠지게 웃었다"는 표현은 실제로 배꼽이 빠질 리 없지만 지나친 과장으로 웃음을 증폭시킨다.

과장은 말 자체의 의미는 분명하지만 그 정도가 비현실적이거나 상황의 터무니없음에서 생기는 말도 안 됨의 재미라고 할 수 있다.

- 과장은 현실의 틀을 과감히 벗어나기 때문에 웃음을 자아낸다.
- 과장은 감정을 한껏 키워서 표현함으로써 청중의 공감을 이끌어낸다.
- 과장은 종종 청중의 예상을 깨뜨리는 방식으로 사용

되어, 조크의 '펀치라인' 역할을 한다.
- 풍자나 비판의 도구로 특히 정치나 사회 풍자에서 과장은 필수다.
- 과장된 묘사는 청중이 머릿속에 생생한 장면을 상상하게 한다.

과장을 활용한 유머는 현실을 비틀어 웃음을 주는 동시에, 공감과 풍자라는 면에서도 큰 역할을 한다. 과장된 유머는 현실을 살짝 왜곡해 웃음을 이끌어내는 동시에, 우리가 겪는 일상과 사회의 아이러니를 재치 있게 보여준다.
- "그는 키가 너무 커서 상반신은 구름 위에 뚫고 들어가 비가 와도 바지만 젖는다."
- "우리 아내 말 한마디에 집안 온도가 5도씩 떨어져."
- "정치인은 실수해도 사과는 안 해. 대신 유감이라는 과일을 국민에게 던지지."
- "교장 선생님 훈화는 지구의 자전보다 느리게 흘러간다. 10분 훈화 듣고 시계를 봤는데, 아직 1분도 안 지났더라."
- "병원 접수 속도를 말하면 응급실 접수부터 진료까지 기다리다 보면 자연치유가 된다."

사람들이 일상 속에서 과장된 표현을 쓰는 이유는 단순한 "거짓"이 아니라, 감정 전달, 공감 유도, 설득, 자기 표현, 관계 강화, 기억에 남게 하려는 심리 때문이다. 잘 쓰면 대화가 풍부하고 재밌어지지만, 지나치면 오해나 불신의 씨앗이 될 수도 있기에 적당한 농도가 중요하다.

과장은 유머의 '돋보기'와도 같아서 작은 사실이나 감정을 확대해 보여주어, 더 크고 더 명확하게, 그리고 더 웃기게 만드는 장치다. 그 자체로 비논리적이지만, 사람들은 그 말도 안 되는 표현에서 웃음과 진실을 동시에 발견한다.

2 반전

반전(reversal)은 기대와 예상을 배반하는 방식으로 웃음을 유발하는 핵심적인 기법 중 하나이다. 사람들이 어떤 결말이나 논리적 귀결을 예측하고 있을 때, 그 예상을 교묘하게 비틀어 의외의 결과를 제시함으로써 놀라움과 웃음을 동시에 준다.

사람은 예측 가능한 것을 좋아하지만, 그 예측이 빗나갈 때 카타르시스를 느끼기도 한다. "아, 그렇게도 생각할 수 있네!" 라는 인지적 전환이 유쾌한 자극을 주고, 이야기의 흐름 속에 조성된 긴장이 반전으로 인해 일순간 풀리며 웃음이 터진다.

반전형 유머는 처음 이야기 전개를 들을 때는 청자가 자신만의 예측을 하게 만들다가, 마지막에 그 예측을 깨뜨리는 '펀치라인'을 제시한다. 이때 발생하는 놀라움과 동시에 이전 내용의 재해석이 바로 웃음 포인트다.

반전 유머의 많은 경우, 초반에는 모호성이 거의 없이 한 방향으로 이해되다가 마지막에 해석이 급변한다. 즉, 농담이 끝나기 전까지는 다른 해석 가능성을 거의 주지 않는 경우가 많다. 그래서 반전의 충격이 크고 웃음도 크다.

반전 유머는 흔히 "빵 터진다"고 표현할만큼 강한 웃음을 유발할 때가 많다. 청자가 완전히 속았다는 사실을 깨닫고 놀람과 쾌감을 동시에 느끼기 때문이다. 이때 느껴지는 감정은 일종의 허탈감 섞인 웃음일 수도 있다. "아, 거기서 이렇게 될 줄이야!" 하고 무릎을 치며 "내가 속았다!"는 감각이 유쾌하게 받아들여지는 맥락에서 가장 강한 웃음을 유발한다.

유머는 보통 "세팅 → 기대 → 결말"이라는 내러티브 흐름을 따른다. 우리는 이야기를 따라가며 무의식적으로 결말을 예측한다. 유머의 본질은 "틀 깨기"에 있다. 그런데 그 결말의 예상이 빗나가면, 웃음이라는 감정적 폭발로 해소된다. 그래서 반전 없는 유머는 맛없는 음식처럼 느껴지기도 한다.

반전을 잘 활용한 조크

친구 : 야, 넌 걱정이 너무 많아.
나 : 그게 걱정이야.

아내 : 당신, 내가 살쪘다고 생각해?
남편 : 아니지. 그냥 공간을 효율적으로 잘 쓰는 거 같아.

오늘 소개팅에서 여자가 날 보고 웃더라고. 그래서 나도 같이 웃었지. 알고보니 뒤에 있던 사람한테 웃은 거였어.

3 바보 혹은 우매함

　바보(Fool) 혹은 우매함(Foolishness)은 유머의 핵심 코드 중 하나이며, 수천 년 동안 코미디와 조크의 중심에서 사랑받아온 존재이며, 유머의 세계에서 아주 오래되고, 강력하며, 가장 사랑받는 '웃음의 촉매제'이다.

　우리는 일상에서 "합리적이고 예측 가능한 행동"을 기대한다. 그런데 누군가가 예기치 않은 바보 같은 선택을 할 때, 기대가 깨지고 그 차이에서 충돌이 생긴다. 이 충돌이 위험하거나 공격적이지 않다면 웃음으로 발전된다.

　아리스토텔레스와 토마스 홉스는 "사람은 타인의 우매함을 보며 자신이 우월하다고 느껴 웃는다."는 이론을 제시했다. 바보 같은 행동을 보는 순간, 우리는 무의식적으로 "나는 저렇진 않아."라는 자존감을 갖는다. 즉, 바보 캐릭터는 관객의 심리적 안도감과 우월감을 자극한다. 바보 캐릭터는 사회의 규범, 권위, 룰을 무시하거나 거꾸로 행한다. 우리는 평소 억눌려 있던 권위, 매너, 체면을 대신 깨주는 걸 보고 해방감을 느끼며 웃게 된다.

왜 우리는 코미디언이나 삐에로의 바보스러운 행동에 웃게 되는가? 관객의 심리 상태는?

관객은 무대 위의 어릿광대나 코미디언을 통해 자신이 해보고 싶었던 바보 같은 짓을 대리 체험한다. 금기된 것을 대신 실행해 주는 대상을 통해 억압을 해소한다.

'프로이트'에 따르면, 웃음은 우리가 내면에 억눌러 두었던 긴장을 해소하는 심리적 기폭제라고 말한다. 바보 캐릭터는 현실에서 "하면 안 되는 행동"을 하고도 안전하게 살아남고, 이를 본 관객은 마음 속의 긴장을 해소하면서 안도감 속에서 웃음을 터뜨게 된다.

바보 캐릭터는 항상 완벽하지 않다. 오히려 실수투성이, 부족하고 모자란다. 그 모습은 우리 자신과 너무도 닮았다. 관객은 이 "실수하는 인간상"에 공감하고, 바보가 실패해도 포기하지 않는 모습에 애정과 연대감을 느끼며 웃게 된다.

요약하자면, 사람들은 바보 같은 말과 행동에서 자신의 억압된 감정, 불안, 열등감을 안전하게 해소하고, 웃음을 통해 심리적 위안을 얻는다. 그는 상식을 깨고, 나를 위로하며, 금기를 대신 깨주는 바보를 사랑하게 된다.

유명 바보 캐릭터들

1. 중세 광대 : 바보처럼 행동하면서도 왕 앞에서 정치와 권력도 웃음으로 비틀 수 있었음

2. 삐에로 : 어리숙하고 늘 실수함, 슬픔과 바보스러움을 섞어 공감과 웃음을 동시에 자극

3. 찰리 채플린 : 말없이 과장된 바보짓을 통해 시대의 풍자와 감동을 전달함

4. 미스터 빈 : 말을 거의 하지 않지만, 아이처럼 바보 같은 행동으로 세계인을 웃김

5. 한국의 전통 어릿광대(광대탈, 각시탈) : 권위에 대항하고 풍자와 해학으로 대중과 소통

예상 밖의 행동은 웃음의 씨앗이다. 웃음은 예상이 깨질 때 터진다. 유머는 늘 예상과 다른 상황에서 발생한다. 바보 캐릭터는 늘 사회의 규칙, 매너, 질서와 상식을 깨트리는 선택을 하기에, 유머에 최적화된 존재이다.

"바보는 누구도 공격하지 않지만, 모두를 웃긴다."

풍자나 블랙코미디는 누군가를 공격하거나 비꼴 수 있다. 하지만 바보는 자기 자신을 웃음거리로 만들기에, 부담 없이 웃을 수 있다. 그래서 많은 광고, 만화, 어린이 코미디에서 '바보 캐릭터'를 즐겨 쓰는 이유다.

바보 캐릭터는 단순한 웃음 제공자를 넘어 인간의 심리, 사회 구조를 비추는 '거울'이다. 그들은 우리 안의 불안, 욕망, 억압을 건드리며 웃게 만든다.

---

4 풍자

풍자(satire)는 유머의 핵심적인 한 축으로, 특히 사회나 정치 분야에서 대단히 강력한 도구로 작용해왔다. 풍자는 단순한 조롱이나 비난이 아니라, 사회의 병폐나 권력의 모순을 웃음을 통해 날카롭게 드러내는 표현 방식이며, 그 역사도 매우 깊다.

풍자는 인간의 어리석음이나 사회적 부조리, 권력의

위선을 과장, 비꼼, 반어, 아이러니 등을 통해 비판하는 문학적·예술적 표현 방식이다. 웃음을 유발하면서도 사회의 경각심을 일깨우는 도구로 작용한다.

풍자는 사회적 모순이나 인간의 결점을 빗대어 비웃는 유머 기법이다. 즉, 웃음을 통해 비판이나 교훈을 전달하는 특징이 있다.

예를 들어, 정치 풍자는 정치인의 언행을 과장되게 모방하거나, 거꾸로 칭찬하는 척하면서 실제로는 조롱함으로써 웃음을 준다. 풍자는 종종 아이러니(Irony)를 동반하는데, 말의 겉뜻과 속뜻이 반대인 경우가 많다.

풍자는 흔히 권위자나 성역을 깬다. 청중은 "원래 저렇게 말하면 안 되는데…" 싶은 대상을 풍자가 통렬히 비꼬는 것을 보고 일종의 카타르시스와 함께 웃음을 터뜨린다. 예컨대 풍자만화가 성직자의 위선을 드러낼 때, 독자는 사회적 금기에 대한 위반을 목격하고도 그것이 일리가 있고 통쾌한 방식이기에 웃으며 받아들이는 것이다.

풍자는 메시지가 함축적일 뿐, 해독 불가능한 수수께끼는 아니다. 오히려 풍자가 너무 노골적이면 재미없고, 너무 숨기면 전달이 어려우므로 그 균형점이 중요하다.

잘 된 풍자는 독자가 한 번에 "아하, 저걸 풍자하는구나." 하고 알 수 있게 힌트를 주며, 이때 모호성은 일시적이다.

풍자는 역사를 통해 볼 때, 단순한 유머를 넘어서 '웃음을 통한 저항'의 도구로 기능해왔다. 잘 쓰인 풍자는 독재를 무너뜨리고, 국민을 깨어나게 하며, 무엇보다 웃으면서 진실을 보게 한다.

"정치인의 양심은 어디에?"
- 양심에 손을 얹고 말하라 했더니, 모두 허리 뒤에 손을 감췄다.

풍자는 권력의 거울

한국의 대통령 풍자는 시대마다 다른 얼굴의 권력과 민심을 비춰왔다. 풍자가 허용되느냐, 억압되느냐는 그 자체로 정치의 건강도를 보여주는 바로미터이다.

시민의 풍자는 단지 재미가 아니라, 권력을 감시하고 변화시키는 힘이기도 하다.

풍자는 권위에 대한 해체와 카타르시스 제공

권력자나 사회 질서는 두려움의 대상이 되기 쉽다. 풍

자는 그것을 웃음으로 해체하거나 작게 만들어 대중의 긴장을 풀어 준다. 풍자는 억눌린 감정의 배출구이다. 웃음을 통해 사회적 불만과 긴장을 풀고, 나아가 치유까지 한다.

풍자는 비판과 설득을 공격보다 유쾌하게 만든다. 직설적인 비판은 반발을 부르지만, 풍자는 웃음이라는 '포장 장치'를 통해 저항감을 줄인다. 상대방도 웃는 사이에, 비판의 메시지가 은근히 스며든다. 폭력 없이 상대를 무장해제시키는 전략이다.

풍자는 '웃음의 집단 언어'로서 공동체를 연결한다. 같이 웃는 것은 같이 이해한다는 뜻이다. 풍자는 표현의 자유가 위축될 때 더욱 빛나는 유머 장르이다. 재치 있는 풍자는 독재보다 오래 살아남는다.

풍자는 유머를 사회적 무기로 만든다. 웃음을 소통의 도구로만 쓰는 것이 아니라, 진실을 전달하고, 부조리를 조명하며, 변화를 유도하는 무기로 쓰는 것이 바로 풍자이다.

"풍자는 칼보다 무섭다. 칼은 목을 향하지만, 풍자는 권위를 무너뜨린다."

5 실수나 착각

일상생활에서 실수(mistake)나 착각(illusion) 때문에 웃음이 터진 경험은 흔하다. 누군가 말실수를 하거나, 상황을 잘못 이해해 엉뚱한 행동을 할 때, 예상밖의 일이 벌어질때 우리는 웃음을 터트리곤 한다.

긴장 해소 이론에 따르면, 웃음은 심리적 긴장이나 스트레스의 해소 수단으로 작용한다. 프로이트(S. Freud)를 비롯한 여러 학자들은 유머가 억압된 감정이나 에너지의 해방을 가져와 심리적 균형을 되찾게 한다고 본다.

우리 내면에는 사회적으로 눌러 두었던 두려움이나 욕망 등의 긴장이 쌓이는데, 농담이나 코미디를 통해 이러한 긴장이 한꺼번에 방출되면서 쾌감과 안도감이 생

겨 웃음을 터뜨리게 된다는 것이다

예를 들어 무대에서 실수가 발생하면 관객은 일순간 긴장하지만, 곧 그 상황이 큰 위험 없이 해소되면서 웃음으로 긴장을 풀게 된다. 이러한 맥락에서 실수나 착각은 예상 못한 순간적인 긴장을 만들어내고, 웃음은 그 긴장을 푸는 출구 역할을 한다고 볼 수 있다

특히 금기시되거나 억압된 주제일수록 웃음으로 해소되는 긴장감이 큰데, 이는 성인 코미디에서 실수를 가장한 풍자나 비틀기가 폭소를 유발하는 이유이기도 하다.

실제로 누구나 친구의 어이없는 실수에 크게 웃어본 경험이 있을 것이다. 이는 웃는 사람이 실수를 한 사람보다 덜 부끄러운 위치에 있음을 느끼기 때문이다. 예컨대, 길에서 남이 발을 헛디뎌 넘어지면 (큰 부상이 아니라는 전제하에) 웃음이 나는 건 그 상황에서 웃는 우리가 넘어진 사람보다 우월한 입장에 있다고 잠시 느끼기 때문이다.

요컨대 실수나 착각은 그 주체를 순간적으로 열등한 위치에 놓으며, 이를 지켜보는 우리는 심리적 우월감과

함께 웃음을 터뜨린다는 것이다. 다만 현대 연구자들은 모든 웃음이 우월감에서 나오지는 않는다고 지적하며, 자기 자신의 실수에 대해 스스로 웃거나 (셀프 조크), 우월감 없이도 즐거움을 느끼는 유머도 있음을 인정한다.

쉽게 말해 웃음은 깨진 기대가 다시 "아, 그렇구나!" 하고 수습되는 순간에 발생하는 즐거움이다. 이러한 관점에서 착각(illusion)도 중요한 유머 소재이다. 착각하고 있던 사실이 반전을 통해 바로잡히는 순간 우리는 예상 못한 반전에 웃음을 느끼게 된다. 예를 들어 어떤 사람이 혼자만 상황을 착각하고 엉뚱한 행동을 했다가 나중에 그 착각을 깨닫는 장면은 관객에게 큰 웃음을 준다. 왜냐하면 관객은 그 사람이 왜 그런 엉뚱한 행동을 했는지 나중에서야 이해하게 되는데, 그 이해의 순간에 앞선 모든 모순이 한꺼번에 해소되면서 웃음으로 표출되기 때문이다.

즉, 어떤 규범이나 기대에 어긋나는 행동이 발생해도 그것이 심각하지 않고 무해하다고 느껴질 때, "위반이지만 해롭지 않을 때" 우리는 안도감과 함께 웃을 수 있다는 것이다.

무대 코미디에서 배우가 일부러 바보같이 실수하거

나 착각하는 연기를 하면, 그 어긋난 행동 자체는 사회적 규범에서 보면 잘못이지만 관객은 그것이 연기라는 안전장치를 알고 있기 때문에 마음 놓고 웃을 수 있는 것이다.

결국 중요한 것은 이러한 실수나 착각이 너무 과도하거나 위험하지 않아야 한다는 점이다. 웃음을 유발하는 실수란 해롭지 않은 범위에서의 오류이며, 모두가 그 상황을 가볍게 받아들일 준비가 되어 있을 때 비로소 유머로 작용한다.

6   모방과 패러디

모방(imitation)은 우리가 알고 있는 대상의 특징을 과도하게 확대해서 재현하거나 기묘하게 재조합할 때, 익숙한 존재의 행동이나 말투를 예상치 못한 방식으로 보여줄 때, 웃음이 유발된다. 즉, "맞아, 진짜 저래!"라는 인지의 일치와 동시에 "너무 오바하잖아!"라는 위반의 재미가 동시에 작동되며 웃음이 터진다. 모방은 능숙함 그 자체다. 퀄리티가 높을수록, 기술적 감탄과 함께 '웃픈' 감정이 생겨난다. 특히 똑같이 흉내내되 엉뚱하게 전개되면 폭소를 유발한다.

모방은 대상을 모르는 사람에겐 전혀 웃기지 않을 수 있다는 한계가 있고, 반대로 알고 있는 사람들에겐 폭소와 공감을 동반한다. 정서적으로 보면, 모방은 원작에 대한 애정이나 비판의식이 동시에 존재할 수 있어 웃음 뒤에 향수나 풍자의 쾌감이 남는다.

인간의 자연스러운 유연성과 생명성을 기계적으로 반복하거나 모방할 때 코미디가 발생한다. 사람의 말투, 몸짓, 습관 등을 기계처럼 똑같이 흉내내는 모방은, 인간다움에서 벗어난 '기계화된 행동'으로 인식되어 우스꽝스럽게 보인다.

패러디(parody)는 기존의 잘 알려진 작품이나 양식을 흉내내어 거기에 우스꽝스러운 요소를 섞음으로써 웃음을 유발하는 기법이다. 패러디를 즐기려면 뇌리에는 항상 원작의 이미지가 함께 있기 때문에, 일종의 이중 입력을 처리하는 셈이다.

영화 패러디, 노래 패러디 등에서는 원본의 특징을 과장하거나 어색하게 비틀어 놓는다. 예를 들어, 진지한 영웅 서사를 패러디하여 영웅이 어리숙하게 나오는 코미디는 관객에게 큰 웃음을 준다. 예컨대 원작 영웅은 절대 하지 않을 바보 같은 행동을 패러디 캐릭터가 하면, 캐릭터 규범의 위반으로 웃음을 주는 식이다.

모방과 패러디는 분명히 다른 목적과 태도를 가진 창작 방식이지만, 그만큼 겹치는 지점도 많다. 이 둘은 서로 다른 길을 걷는 듯하면서도, 창작의 본질적인 요소에서 공통된 DNA를 공유하고 있다.

모방과 패러디의 공통점

1. 기존 작품을 기반으로 한다. 두 방식 모두 원작이나 기존 스타일이 있어야만 성립된다는 점에서 같다.
2. 관찰력과 분석력이 필요하다. 원작의 핵심 특징을 정확히 파악해야 효과적인 모방이나 패러디가 가능하다. 단순히 따라하거나 비트는 게 아니라, 구조, 문체, 분위기, 맥락을 이해해야 한다.
3. 창작자의 해석이 개입된다. 모방은 기술적으로 따라하는 것 같지만, 어떤 부분을 강조하고 어떤 부분을 생략할지는 창작자의 선택이다. 패러디는 더 명확하게 창작자의 시선이 드러나지만, 모방도 결국은 해석을 통한 재현이다.

4. 수용자와의 '공유된 맥락'이 중요하다. 모방이든 패러디든, 관객이 원작을 알고 있어야 그 효과가 극대화된다. 원작을 모르는 사람에게는 "왜 웃긴지" 혹은 "왜 감탄할 만한지"가 전달되지 않는다.
5. 창작의 연습 혹은 실험으로 기능한다. 둘 다 창작자의 기량을 시험하거나 발전시키는 도구로 쓰일 수 있다. 모방은 기술 연습, 패러디는 창의적 실험의 장이 된다.

결국 모방과 패러디는 창작의 두 얼굴이다. 하나는 존경과 학습의 얼굴이고, 다른 하나는 풍자와 해석의 얼굴이다. 하지만 둘 다 기존 콘텐츠를 바라보는 창작자의 시선에서 시작된다는 점에서, 아주 가까운 친척이라고 볼 수 있다.

연예인 성대모사 개그 / 부장님 회의 스타일 흉내내기 / 어른이 유치원생의 말투와 행동을 그대로 흉내내기 / 외국인 한국어 말투 모방 / 동물의 행동을 사람처럼 흉내내기 등등

7   부조화, 불균형, 비논리

부조화(incongruity) – 현실과 상식의 충돌

비논리(unbalance) – 어처구니없는 해석

불균형(illogical) – 과장된 대비

우리의 예상과 다른 방향으로 전개되는 의외성에서 오는 놀라움이 웃음을 유발한다는 것이다. 긴장했던 기대가 순식간에 아무것도 아닌 것으로 변할 때 웃음이 난다. 요컨대 예상이 완전히 빗나가는 순간 웃음이 터지며, 일상에서 황당함이나 모순된 장면이 재미있는 이유를 잘 보여준다.

안전한 일탈의 웃음은 말 그대로 '해를 끼치지 않는 위반'에서 웃음이 나온다고 본다. 즉 규칙을 살짝 벗어나지만, 그 상황이 전혀 위험하거나 불쾌하지 않은 경우에 사람들이 재미를 느낀다는 이론이다

억눌린 욕망이나 긴장이 무의식적으로 표출되고 해

방감을 느끼기 때문에 웃음이 난다고 보았는데 결국 웃음은 심리적인 카타르시스(정화 작용)를 제공하여 마음의 균형을 되찾도록 돕는다.

**부조화적이고 불균형적이며
비논리적인 상황을 활용해 웃음을 유발하는 조크의 예**

1. 스마트폰 비행기 모드를 켰는데 혹시 진짜 날아갈까 봐, 창문 꼭 닫고 켰어요.
2. 키 2미터 친구와 1미터 친구가 하이파이브를 했는데, 2미터 친구도 괜히 따라 점프하더라고요. 둘 다 날아오르는 줄 알았어요.
3. 친구랑 점집에 갔는데, 점쟁이가 '앞으로 큰돈 들어온다' 하길래 기대했거든요. 그날 카드값 300만 원이 날아왔어요. 예언 정확하더라구요!(언어의 이중 의미)
4. 친구가 다이어트한다고 저녁에 치킨 두 마리를 시켰어요. 제가 '그게 다이어트야?' 하니까 '응, 원래 네 마리 먹는데 두 마리 줄였잖아.' 했어요.
5. "태어났을 때 너무 못생겨서 의사가 내 어머니를 때렸어."
   "어렸을 때 정말 못생겼다는 걸 알았지. 숨바꼭질을 했는데 아무도 날 찾으려 하지 않았어."

6. 부부가 대화 중 '우리 관계가 안전하다고 느껴지게 해 달라'길래, 안전모 씌워줬지.
7. 회의 시간에 상사가 '혁신적인 아이디어 없나요?' 하길래… 점심메뉴 바꾸자고 했더니, 사람들 표정이 혁신적이었다.
8. 어제 폰에 걸음 수 앱이 있길래 확인했더니, 53걸음이래요. 집 안 냉장고만 오간 기록이더군요. 나도 충격이었어.
9. 저는 지진보다 무서운 게 있어요. 와이파이 끊기는 거요. 집에서 와이파이 끊기면 가족끼리 서로 눈 마주치고 대화해야 하잖아요. 그게 더 무서워요.

8 언어적유희, 말장난

말장난(Pun)은 동일하거나 유사한 발음, 철자, 의미를 가진 단어들을 활용하여 새로운 의미나 유머 효과를 만들어내는 언어적 표현 기법이다. 하나의 표현에 두 가지 이상의 의미(해석)가 숨어 있어 인지적 충돌이 발생하고, 이를 깨닫는 순간 웃음이 유발된다는 것이다. 말장난의 전형적인 구조는 청자에게 처음에는 한 가지 의미로 이해되다가 나중에 의미의 반전이나 추가 해석이 드러나는 방식이다.

특히 언어적 맥락에서 이러한 놀라운 전환을 만들어 내는 도구로서, 문장 속 단어의 의미를 교묘히 어긋나게 함으로써 기대를 배반하고 웃음을 이끈다.

어떤 상황이 웃음을 유발하려면 (1) 규범이나 기대를 깨트리는 위반이 있으면서도 (2) 그 위반이 해롭지 않고 악의 없으며, (3) 수용자가 그 상황을 동시에 정상적이면서도 우스운 것으로 지각해야 한다.

언어적 유희의 경우, 단어를 문맥에 맞지 않게 사용하거나 이중 의미로 사용하는 것은 언어적 규범의 위반이지만 상대에게 해를 주지 않는 가벼운 장난이다. 듣는 이는 말장난이 주는 두 해석을 동시에 인지하면서, 이러한 규범 위반이 공격적이기보다는 악의 없는 익살임을 깨닫고 웃게 된다. 두 의미를 동시에 떠올리며 곱씹는 과정 자체가 즐거움이 될 수 있다.

편(Pun)의 두 의미 중 하나만 문맥에 맞고 다른 하나는 어색하면 농담이 썰렁해지기 쉬운데, 이는 두 해석이 모두 그럴듯하게 성립할 때 웃음이 극대화됨을 시사한다. 듣는 이로 하여금 놀라움과 동시에 "아하!" 하는 깨달음을 느끼게 함으로써 웃음을 유발하는 것이다

- 나는 오늘 배에서 배를 먹었는데 배탈이 배로 났다." 여기서 첫 번째 배는 배(船), 두 번째 배는 배(梨), 세 번째 배는 배(病), 네 번째 배는 배(倍)를 의미한다.
- "산은 옛산이로되 물은 셀프로다." 에서 물은 '옛물이 아니로다'인데 '물은 Self'로 치환한 것이다.

이처럼 언어적 유희는 모두 소리의 유사성, 단어의 이중 의미, 익숙한 구문의 변형 등을 통해 기대되지 않은 해석의 전환을 만들어낸다. 말장난은 언어의 재치에 대한 웃음이다.

말장난은 언어라는 창을 통해 인간 두뇌의 창의적 해석 능력을 자극하는 독특한 즐거움을 준다. 다른 기법들과 대비해 볼 때 말장난의 웃음은 비교적 일상적이고 가벼운 형태이지만, 언어와 사고의 유연성을 보여주

는 점에서 매력적이다.

　언어적 유희는 순간의 기지와 재치로 사람들 사이에 웃음을 전파한다. 이러한 말장난의 역할은 인간이 언어적 유희를 즐기는 보편적 심리를 반영하며, 잘 짜인 말장난 하나에 상대방을 미소 짓게 하고 대화를 풍성하게 만드는 힘이 담겨 있다고 하겠다.

9 기대와 기대 밖

기대(expectation)
뜻 : 특정 순간에 앞으로 벌어질 일에 대한 구체적인 예상
차이점 : 스키마(schema)는 일반적이고 구조적인 틀이라면, 기대는 구체적이고 지금 이 순간에 대한 예측임
예시 : 식당에 들어가면 "종업원이 물을 갖다 주겠지" 하는 생각이 바로 기대

기대 밖(beyond expectation)

뜻 : 우리가 세운 예측을 벗어나는 상황

특징 : 의외성(surprise), 모순(incongruity), 때로는 충격을 동반

예시 : 식당에 들어갔는데 종업원이 물 대신 술을 갖다 준다 → 기대 밖 상황

스키마(schema)

뜻 : 특정 상황에 대해 우리가 머릿속에 가지고 있는 틀, 패턴, 시나리오

역할 : 세상을 이해하고 빠르게 반응할 수 있도록 돕는 인지적 지도

예시 : "식당 스키마" → 들어간다 → 자리에 앉는다 → 메뉴판 본다 → 주문한다 → 먹는다 → 계산한다.

따라서 보통 웃음은 " '스키마'나 기대가 깨지는 순간"에 발생한다.

- 지하철 안내방송

출근길 지하철, 차 안은 북적북적하다. 스피커에서 안내방송이 나온다.

안내 : "이번 역은 시청, 시청역입니다. 내리실 문은… 음… 오늘 제 기분상 왼쪽 문이 열릴 것 같네요."
* 안내방송은 정확하고 기계적인 톤으로 사실만 전달해야 한다. 그런데 우리가 기대한 '딱딱한 안내'가 '개인 감정'으로 바뀌는 순간 예상 밖 전개에서 웃음 발생

- 장례식장 촬영

엄숙한 장례식장, 사회자가 카메라맨에게 말합니다.
사회자 : "고인의 마지막 가시는 길을 기록하는 의미에서 가족들도 함께 모여 사진을 찍도록 하겠습니다. 준비해 주세요."
카메라맨이 촬영준비를 끝내더니 갑자기 외칩니다.
카메라맨 : "자, 찍겠습니다. 하나 둘 셋… 김치!"

10 연쇄반응

나의 행동·발언·상황이 또 다른 사건을 불러오고, 그 결과가 다시 새로운 사건을 유발하는 식으로 도미노처럼

연결되며 웃음을 만들어내는 유머를 말한다. 웃음 포인트는 점점 커지는 과장, 예상치 못한 연결, 결국 터지는 클라이맥스에서 나온다.

연쇄반응(Chain Reaction)의 본질

'파급과 증폭'. 작은 사건이 커져가는 과정은 일종의 폭발적 긴장 형성이다. 관객은 "다음엔 무슨 일이 또 터질까?"라는 기대를 갖게 되고, 그 기대가 연속적으로 쌓이면서 웃음의 에너지가 증폭된다. 마치 도미노가 쓰러질 때, 첫 조각보다 마지막 조각이 훨씬 큰 쾌감을 주는 것과 같다.

연쇄반응의 심리적 효과

- **기대감 누적** : 관객은 "이제 다음엔 무슨 사고가 날까?"를 기다리며 집중한다. 작은 웃음이 중첩되어 마지막에 큰 카타르시스를 주게 된다.
- **리듬과 반복** : 유머는 리듬이 있을 때 더 잘 터진다. 사건의 연속은 리듬 있는 반복을 만들고, 반복은 관객의 뇌에 '웃을 준비'를 시킨다.
- **공감의 폭발력** : 우리는 일상에서 작은 실수가 큰 사고로 번지는 경험을 흔히 한다. "나도 저런 적 있어."라는

공감이 마지막에 크게 폭발하게된다.

연쇄반응 유머의 구성 유형

유형 1. 도미노식 사건 확대 : 하나의 작은 사건이 점점 큰 사건으로 확대되어가며 웃음을 유발

유형 2. 말의 꼬리 물기 : 대화에서 한 말이 또 다른 말로 번지고, 그게 또 다른 상황을 만들며 웃음이 커짐

유형 3. 실수의 연속 : 하나의 실수가 다음 실수를 부르고, 그 실수가 또 다른 문제를 만드는 구조

유형 4. 예상 밖 결말의 도약 : 연쇄반응이 이어지다가 전혀 관련 없어 보이는 곳으로 튀어 웃음을 줌

유형 5. 감정의 연쇄전이 : 한 사람의 감정이 다른 사람에게 전염되어 도미노처럼 번짐

예문 :

A : "왜 화났어?"

B : "옆자리가 화내길래 나도 화났어."

A : "그 사람은 왜 화났대?"

B : "내가 화내서 그렇대."

A : "그러고 보니 나도 화가 나네."

연쇄반응은 '작은 사건 → 큰 사건 → 더 큰 사건

→ 허탈하거나 반전된 결말'이라는 구조 덕분에
- 긴장과 해소,
- 반복과 과장,
- 불일치와 우월감

이 세 요소를 동시에 충족시키는 유머의 핵심 장치이다.

---

* 위에 소개한 [시크릿 유머10법칙] 이외에도 반복(repeat), 자기비하(self-deprecation), 역발상(Reverse thinking), 비유와 비교(Metaphors and comparisons), 우화나 예화(fable and parable), 격언이나 명언(Proverbs and sayings)을 이용한 유머의 법칙이 있지만 위의 10가지 대표적인 법칙 소개로 끝맺음을 하려고 한다.